わかる！使える！

工程管理入門

堀口 敬 [著]
Horiguchi Takashi

日刊工業新聞社

【 はじめに 】

51 歳で独立後、ケニア共和国103社、国内281社など、合計420社の製造業を指導してきましたが、工場の悩み（病気）は十人十色です。

どうしてそんなに色々な病気があるかは、「工場の生産性」の中身を覗くと見当がついてきます。

工 場の生産性は「作業者1人が1時間作業して生み出す付加価値」、工場が生み出した付加価値は「売上高から材料費と外注費を差し引いて、残ったお金」です。

- 生産性＝付加価値÷（作業者数×年間作業時間）
- 付加価値＝（売価×売上数）－材料費－外注費
- 年間作業時間＝年間労働時間（残業含む）×稼働率

この3つの式から、生産性を変化させる要因は「売価、売上数、材料費、外注費、作業者数、労働時間、稼働率」と7つあることがわかります。

要 因が7つもあるので、現場改善、工程管理、品質管理、原価管理といった様々な「医薬品」が巷にあふれかえっています。

しかし、多くの工場では、自分の工場の生産性を上げるには、7つの要因の中の「どの要因を改善するのが効果的か？」、「そもそも、どの要因が改善可能なのか？」を見極められないで悩んでいます。

つまり、市内の「薬局」には様々な薬があるのに、患者の症状を見て、効く薬を処方する医者がいない「無医村地帯」が多いのが、日本の製造業の課題になっています。

本書によって、そんな無医村地帯にいる製造業の方々が、自分で薬を選ぶことに貢献できれば、著者として望外の喜びです。

2019年9月　無医村地帯の北海道で巡回診療中

堀口　敬

【 読み方の手引き 】

　読者の中には、すでに課題（病気）が明らかで「処方箋」を見つけるためにこの本を買った方も多いでしょう。そういった方は、まずは以下の中で「自分の課題に当てはまるページ」から読み始めてください。

①短納期対応に疲弊している製造部門
　短納期の注文が多いので、様々な生産方式にチャレンジしました。しかし納期遅れが減らずに悩んでいる方は「3-4　飛込み注文に対応する」、「3-5　納期遅れを減らす」、「3-8　セル生産を成功させる」、「3-9　JIT生産を成功させる」

②計画通りに作業が進まずに悩んでいる製造部門
　生産計画は緻密に作っているのに、作業遅れが減らない方は「3-6　小日程計画を作る」、「3-7　進捗管理板を作る」

③開発遅れが慢性化している設計部門
　開発遅れが慢性化し、それが製品の納期遅れにつながっている方は「3-10　設計遅れを減らす」、「3-11　設計の標準化を進める」

④価格見積もりに自信がない経営者
　製品原価を計算しているのに、なかなか受注に成功しない方は「3-1　製品の付加価値を上げる」

⑤改善活動の効果を実感できない経営者
　1年以上改善活動を続けているのに、結果が会社の利益につながらず、そろそろ改善活動はやめようかと思っている方は「3-2　改善で生産性を上げる」

⑥外注費の増加に悩んでいる経営者
　せっかく売上高が伸びたのに、それに比例して外注費も増えるので、利益が増えない方は「3-3　外注費を減らす」

⑦**不良が減らずに悩んでいる品質管理部門**

不良が発生するたびに検査を強化しているが、不良率は下がらずに検査要員ばかり増えている方は「3-12　不良を減らす」

⑧**製品の種類が増えすぎて悩んでいる経営者**

新製品を開発しても旧製品の販売をやめられず、製品の種類が増えすぎている方は「3-13　製品の種類を絞る」

⑨**生産管理ソフトが役に立たなくて悩んでいるシステム部門**

せっかく生産管理ソフトを買ったのに、役に立たずに悩んでいる方は「3-15　生産管理ソフトを使いこなす」

⑩**人手不足に悩んでいる製造部門と経営者**

新人を募集しても応募がなくて困っている方、新人や外国人労働者を早く戦力化したい方は「3-14　人手不足を解消する」

⑪**経営改革が進まずに悩んでいる経営者**

経営課題が明らかになり対策も決めたのに、部下が着実に実行してくれない方は「3-16　KGI、KPIで目標管理する」

⑫**まだ工場の仕組みがよくわからない若手社員**

工場の仕組みがわからないまま、言われたことだけをやっているので、「指示待ち社員」になりそうな方は「第1章」から読んでください。

⑬**課題があまり明らかでない経営者**

「3-17　工程管理の自己診断」を行ってみてください。

わかる！使える！工程管理入門

目　次

はじめに
読み方の手引き

【第1章】
工程管理の基本

1　生産性を上げる

- 工程管理とは・**10**
- 付加価値と利益の関係・**12**
- 生産性とはなにか・**14**
- 生産性を上げる方法・**16**

2　工程管理とはなにか

- QCDを守って生産性を上げる・**18**
- 各部門とQCDの関係・**20**
- 2種類のPDCAサイクル・**22**

3　工場には4タイプある

- 個別受注生産、受注設計生産・**24**
- 繰り返し受注生産、見込生産・**28**

4　工場タイプ別の生産性アップ方法

- 個別受注生産では手待ち時間を減らして生産性を上げる・**34**
- 受注設計生産では設計時間の短縮で生産性を上げる・**36**
- 繰り返し受注生産では在庫生産で生産性を上げる・**38**
- 見込生産ではモノの流し方で生産性を上げる・**40**

【第2章】
工程管理の前準備

1 モノの流し方を決める
- プッシュ式とプル式の違い・**44**
- プッシュ式とプル式を使い分ける・**46**

2 生産方式を決める
- ライン生産とは・**48**
- セル生産とは・**50**
- セル生産の種類・**52**
- ライン生産かセル生産か・**54**
- セル生産とライン生産を使い分ける・**56**
- 機械の配置を決める・**58**

3 生産計画を作る
- 生産計画にはフォワード方式とバックワード方式がある・**60**
- 個別受注生産の生産計画・**62**
- 受注設計生産の生産計画・**64**
- 繰り返し受注生産の生産計画・**66**
- 見込生産の生産計画・**68**

【第3章】
工程管理を実践する

1 製品の付加価値を上げる
- 価格見積もりで製品の付加価値を上げる・**72**
- 限界利益を使って受注量を増やす・**74**
- 受注設計生産では繰返し受注で儲ける・**76**

2 改善で生産性を上げる
- 生産性を上げる方法・**78**
- ボトルネック工程を改善する・**80**

- 段取時間を短縮する・**82**
- 改善活動は2ステップで進める・**84**

3　外注費を減らす

- 内外作のコスト比較を正しく行う・**86**
- 外注企業を評価する・**88**

4　飛込み注文に対応する

- フォワード方式で飛込み注文に対応する・**90**
- バッファ方式で飛込み注文に対応する・**92**
- 座席予約方式で飛込み注文に対応する・**94**

5　納期遅れを減らす

- バッファ在庫で納期を守る・**96**
- 山積み山崩しで納期を守る・**98**
- できもしない納期回答を行わない・**100**
- 納期が迫っていることを見える化する・**102**

6　小日程計画を作る

- 小日程計画の作り方・**104**
- 作業指示書を作る・**106**
- 差立て板を作る・**108**

7　進捗管理板を作る

- マグネット、付箋紙を使った進捗管理板を作る・**110**
- 生産数を書いた進捗管理板を作る・**112**

8　セル生産を成功させる

- 部品の供給方法を工夫する・**114**
- 多能工化を進める・**116**

9　JIT生産を成功させる

- 平準化でカンバン枚数を減らす・**118**
- 平準化を進める・**120**
- 流動数曲線で工程内在庫の変化を見える化する・**122**

10 設計遅れを減らす

- 二重線のガントチャートで設計進捗を管理する・**124**
- イナズマ線で設計進捗を管理する・**126**
- PERT図で設計進捗を管理する・**128**
- デザインレビューを行う・**130**

11 設計の標準化を進める

- 標準ユニットを開発する・**132**
- 標準化の効果は設計期間短縮だけでない・**134**
- 標準ユニットの製品ライフサイクルを管理する・**136**

12 不良を減らす

- 検査は生産性を下げる・**138**
- 次工程に不良品を流さない・**140**
- なぜなぜ分析で不良の再発を防止する・**142**

13 製品の種類を絞る

- 増え続ける製品を絞り込む・**144**
- バリューマップで経営判断をする・**146**

14 人手不足を解消する

- スキルマップを使って多能工を育成する・**148**
- 多能工の6つの効果・**150**
- 新人を早期に戦力化する・**152**
- 外国人労働者に参加意識を持たせる・**154**

15 生産管理ソフトを使いこなす

- 部品表を使って部品の必要数を計算する・**156**
- 部品表を使って製品原価を計算する・**158**
- 部品表を使って生産計画を作る・**160**

16 KGI、KPIで目標管理する

- ロジックツリーでKPIを決める・**162**
- KGI、KPIの管理表を作る・**164**

17　工程管理の自己診断

・自己診断で工程管理のレベルを把握する・**166**

コラム

・自分を成長させるために会社を使い倒す・**42**
・経営コンサルタントの工程管理・**70**

【 第**1**章 】

工程管理の基本

【1 生産性を上げる

工程管理とは

❶工程管理の目的

工程管理の目的は「工場の生産性アップ」です。生産性は「社員が付加価値を生み出すスピード」、つまり「**社員1人が1時間働いて生み出す付加価値**」を意味します。

付加価値は工場が外部企業から買ってきた材料や部品に付け加えた「価値」です。付加価値の計算方法には「付加価値は売上高から材料費・外注費を差し引いたもの」と考える「控除法」と、「付加価値は製造過程で積み上げられていくもの」と考える「加算法」の2種類があります。一般的には計算が簡単な「控除法」が使われ、この本で使う計算方法も「控除法」です。

- ●生産性＝年間の付加価値÷（社員数×1人の年間作業時間）
- ●付加価値＝売上高－材料費－外注費

❷工程管理と他の管理手法との関係

工場で使われる管理手法には、工程管理以外に「生産管理、品質管理、購買管理、在庫管理、外注管理、原価管理」などがあります。しかし、どれも目的は「生産性アップ」です（**図1-1**）。

❸工程管理の定義

工程管理の狭い定義は「工場でモノを作るときの進捗管理」で、その場合は工程管理は生産管理の一部になります。工程管理の広い定義は「生産計画と進捗管理」で、生産管理と同じ意味になります。この本では「広い定義」をもとに工程管理について説明しています。

❹工程管理だけでは生産性は上がらない

工程管理で「進捗管理」をどんなにきっちりやっても、安売りしていると製品の付加価値が低くて生産性は上がらないので、工程管理だけで生産性を上げるのは困難です。こんな理由で、この本では品質管理、原価管理などの他の管理方法についても、あまり「管理手法間の垣根」は意識しないで触れています。

第1章 工程管理の基本

図 1-1 工場で使われる管理手法と生産性の関係

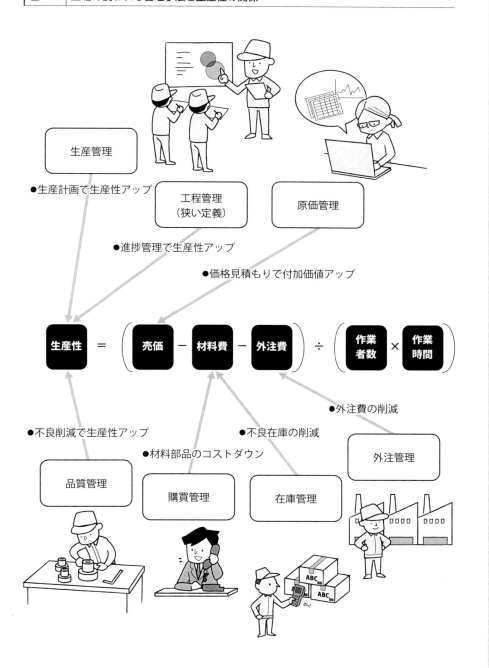

〔1〕 生産性を上げる

付加価値と利益の関係

❶利益の計算方法

　付加価値と利益はとても似ています。しかし中身は全く違います。A社が1年間に生み出している付加価値が2000万円だとしましょう。しかしA社では付加価値の全てが利益になったりはしません。社員に給料を払い（労務費）、設備代や電気代などの経費も使います。A社の「労務費＋経費」を1500万円とすると、付加価値の2000万円から1500万円を差し引いた500万円がA社に残る「利益」です。

> ●利益＝付加価値－労務費－経費
> 　　　＝（売上高－材料費－外注費）－労務費－経費

❷会社を成長させながら利益を増やす

　上の式からは、利益を増やすには、売上高を増やし、それ以外の4つの費用を減らせばよいと思えます。しかし、ことはそんなに単純ではありません。売上高を増やすために生産高を増やすと材料費が増え、残りの「労務費、経費、外注費」も放っておくと残業代などのかたちでどんどん増えます。結局、売上高を増やしても利益は思ったほど伸びないので、以下の対策が必要になります。

● 労務費を増やさない

　改善で作り方を工夫する（3-2参照）、多能工化で助け合って「1人当たりの生産能力」を上げる（3-14参照）

● 設備経費を増やさない

　改善で製品の切り替え時間（段取時間）を短くして、設備を効率良く使う（3-2参照）。

● 外注費を増やさない

　内外作のコスト比較方法が間違っているため、ムダな外注費を垂れ流している工場をよく見かけるので、「比較方法」の見直しを行う。チェックシートで外注企業の「QCDの管理状況」を把握する（3-3参照）。

第1章 工程管理の基本

図1-2 付加価値と利益の関係、利益を増やす方法

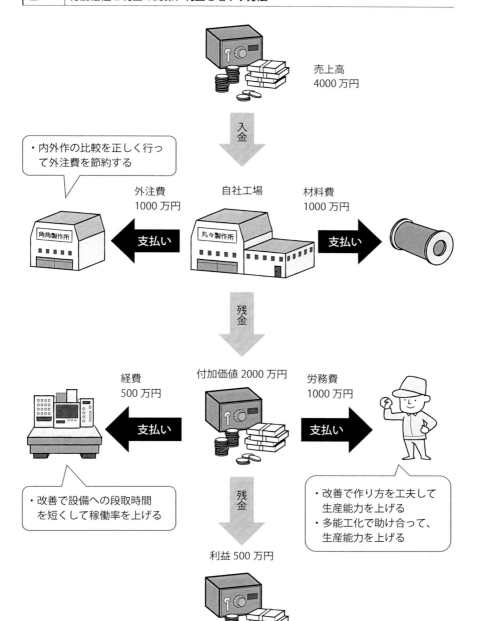

1 生産性を上げる

生産性とはなにか

❶生産性の計算方法

　生産性は「**付加価値を生み出すスピード**」です。正確には「労働生産性」と言います。以前は「労働生産性＝1人が1年間に生み出す付加価値」で計算していました。しかし、近頃は「正社員、非正規社員、パート」と、人によって働き方が様々になりました。そのために「労働生産性＝1人が1時間に生み出す付加価値」で計算するようになりました。

❷金属加工企業Ａ社の生産性

　金属製品を加工しているＡ社が1年間に付加価値2000万円を生み出し、社員5人が1人当たり年間2,000時間働いていると、生産性は2,000円／人時間になります。生産性が高いと、その分だけ社員に払える「時間当たりの給料（時給）」も高くできます（できるはずです）。

> ●生産性
> 　＝年間の付加価値÷（社員数×1人の年間作業時間）
> 　＝2000万円÷（5人×2,000時間）＝2,000円／人時間

❸業界平均と比較する

　右ページのように、金属製品製造業（中小企業）の平均生産性は4,321円／人時間。したがって、Ａ社の生産性2,000円／人時間は、業界平均よりかなり低いことがわかります。表1-1を使ってあなたの会社の生産性と業界平均を比べてみてください。自社の生産性が低いときは、原因は「作っている製品の付加価値が低い」、「手間（時間）をかけて作りすぎている」のどちらか（または両方）でしょう。

　さらに、「自社の前年度の生産性」と比較すると「社内の経営改革」の成果を定量的に把握できます。その結果、作った経営改革計画を守っていないようなら、まずは「3-16　KGI、KPIで目標管理する」を読んでください。

14

第 1 章 工程管理の基本

表 1-1 業種別の平均労働生産性

（円／人時間）

	労働生産性
食料品	3,401
飲料・たばこ・飼料	7,805
繊維	3,297
木材・木製品	3,872
家具・装備品	3,693
パルプ・紙・紙加工品	3,757
印刷	4,099
化学	6,481
石油製品・石炭製品	8,378
プラスチック製品	4,002
ゴム製品	3,953
なめし革・同製品・毛皮	3,356
窯業・土石製品	6,130
鉄鋼業	7,113
非鉄金属	5,092
金属製品	4,321
はん用機械器具	5,641
生産用機械器具	5,056
業務用機械器具	5,135
電子部品・デバイス・電子回路	3,895
電気機械器具	4,117
情報通信機械器具	3,386
輸送用機械器具	4,368
製造業合計	4,461

・中小企業実態基本調査／平成29年確報データを使用
・付加価値＝売上高－材料費－外注費－商品仕入原価
・生産性＝付加価値÷（従業員数×1人当たりの年間労働時間）
・1人当たりの年間労働時間＝2,000時間

【1 生産性を上げる

生産性を上げる方法

　工場で生産性を上げるには、各部門の努力が必要です（**図1-3**）。しかし、工場は生産方式によって、「受注設計生産、個別受注生産、繰り返し受注生産、見込生産」に分けられます。

　各生産方式によって「生産性を上げるポイント」が全く違うのが、工程管理の難しいところです。詳しくは「1-4工場タイプ別の生産性アップ方法」を読んでください。

❶個別受注生産

　顧客から「こんな部品を作ってほしい！」と図面が送られてきたら、図面どおりに加工して出荷します。しかし作るものは「今まで作ったことがない製品」がほとんどです。そのため、生産が始まってから「作業の進み具合」を見ながら、モノの流し方を工夫（調整）します。

❷受注設計生産

　顧客から「こんな機械がほしい」と注文を受けてから設計を始めます。設計が完了したら必要な部品を発注し、部品が入荷したら組立てて出荷します。設計遅れが多いと、年間の受注可能な製品数が減るので、工場全体の生産性と利益が下がります。そんなことにならないように、「設計の標準化、設計の進捗管理」で設計遅れを防ぎます。

❸繰り返し受注生産

　顧客企業が同じ製品を繰り返し注文してきたら、工場では注文がきてから2～3日で組立てて（加工して）出荷します。納期が短いので、工場では在庫を持って対応しますが、製品在庫を持つのはリスクが高いので、他の製品にも使える「中間製品」で在庫を持ちます。

❹見込生産

　製品の在庫状況を見ながら、在庫が減ったら補充生産します。多品種少量生産が中心なので、「ライン生産、セル生産、混流生産」などを組み合わせて、自社工場に最適な生産方法を作り上げます。

第1章 工程管理の基本

図1-3 生産性を上げる活動（第3章実践編の該当節）

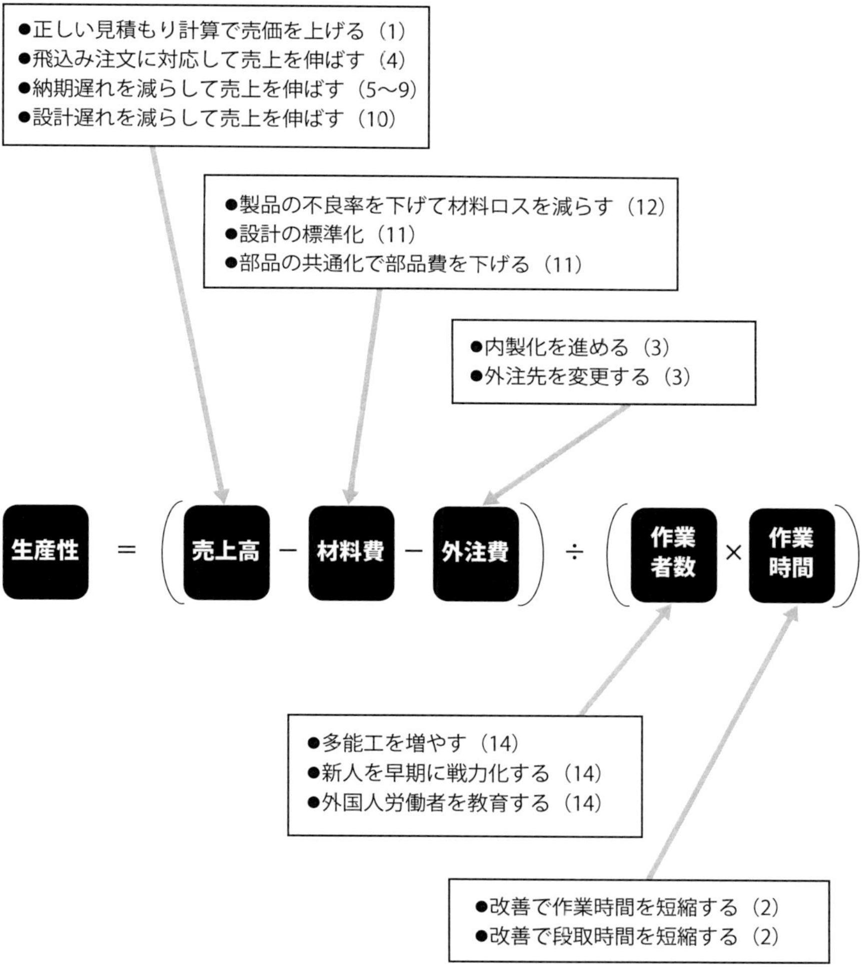

●正しい見積もり計算で売価を上げる（1）
●飛込み注文に対応して売上を伸ばす（4）
●納期遅れを減らして売上を伸ばす（5〜9）
●設計遅れを減らして売上を伸ばす（10）

●製品の不良率を下げて材料ロスを減らす（12）
●設計の標準化（11）
●部品の共通化で部品費を下げる（11）

●内製化を進める（3）
●外注先を変更する（3）

生産性 ＝ （ 売上高 － 材料費 － 外注費 ） ÷ （ 作業者数 × 作業時間 ）

●多能工を増やす（14）
●新人を早期に戦力化する（14）
●外国人労働者を教育する（14）

●改善で作業時間を短縮する（2）
●改善で段取時間を短縮する（2）

【2 工程管理とはなにか

QCDを守って生産性を上げる

❶QCDの優先順位は「Q→D→C」

QCDは「品質（QUALITY）、コスト（COST）、納期（DELIVERY）」の略です。

しかし、以下からわかるようにQCDの優先順位は「Q→D→C」です。

1. Q：品質が悪ければお客から代金は支払われなく、2度と注文はこないので、会社はすぐにつぶれます。
2. D：納期に遅れれば、注文は次第に減っていくので、会社がだんだん傾きます。
3. C：コストが高いと会社はあまり儲かりませんが、お客の懐は痛まないのでまた注文はきます。つまりまだ挽回可能です。

❷企業での優先順位は「D→C→Q」になってしまう

ところが、多くの工場では、なぜか優先順位は「D→C→Q」になっています。その原因は作業者にかかるプレッシャーの強さが「D→C→Q」の順だからです。

1. D：作業の遅れは現場を見れば誰でも気が付き、お客からもどんどん催促がくるので、作業者は強いプレッシャーにさらされます。
2. C：作業に時間がかかっていると加工費が増えますが、納期遅れにつながらなければ、強いプレッシャーはかかりません。
3. Q：検査ではじいてさえいれば、作業者にはプレッシャーはかかりません。

❸Qの維持は検査に頼らない

「D→C→Q」を「Q→D→C」にするには「検査ではじけば安心！」という企業文化を変えるのが重要です。そもそも検査の目的は不良品が外部に流れ出るのを防ぐことだけです。検査だけを強化して不良原因への対策を行わないと、いつまでも検査工数が発生するので「低い生産性」が常態化します。QCDと3章の関係は**図1-4**を見てください。

第1章 工程管理の基本

図 1-4 QCD を守るための活動（第 3 章実践編の該当節）

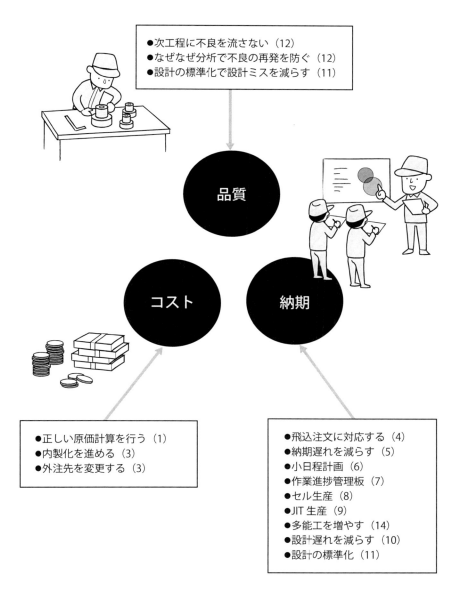

【2 工程管理とはなにか

各部門とQCDの関係

❶工程管理マンは尻拭いをしている

　多くの工場では、納期を守って製品を出荷するため、工程管理マン（生産管理担当者）が工場内を走りまわりながら、製造の進み具合をチェックし、在庫品や材料を探しまわっている様子をよく見ます。

　では工程管理マンが「工場のQCD」をコントロールしているのでしょうか。そんなことはありません。工程管理マンは設計や製造の「尻拭い」をしているだけです。以下のようにQCDを守らない「主犯」は別にいます。

❷品質を守らない人

　受注設計生産と見込生産企業では、製品品質のほとんどは設計段階ですでに決まっています。個別受注生産と繰り返し受注生産企業では、製品品質は製造段階に決まります。品質は品質管理部門が決めると思っている人がいるかもしれません。しかし、品質管理部門はできた製品を検査し、不良品が顧客に出荷されるのを食い止めるので、「犯人」ではなく「警察」です。

❸コストを守らない人

　会社から出るお金の大半は、材料と部品の購入代金と作業者に払う給料です。しかし、受注設計生産と見込生産企業で発生するコストは、実は設計段階にほとんどが決まっています（**図1-5**）。「設計段階でのコスト設計」をしっかりやらないと、その後工程の購買や製造のメンバーがどんなにコストダウンに血道をあげても、なかなか効果は出ません。

❹納期を守らない

　納期遅れは様々な原因で起こります。受注設計生産では「設計遅れ」が納期遅れの原因になります。顧客企業が設計した製品を生産している個別受注生産と繰り返し受注生産では、「生産計画と進捗管理の巧緻」が納期遅れの発生率を左右します。

第 1 章 工程管理の基本

図 1-5 | 受注設計生産と見込生産では、製品コストは設計段階に決まる

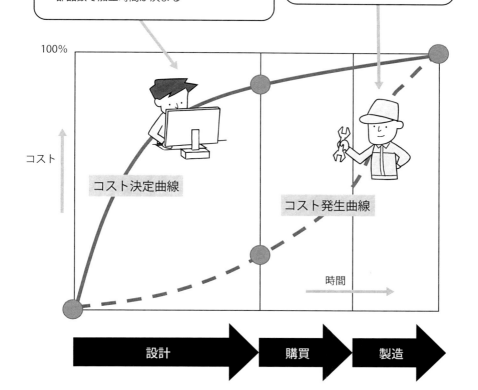

2 工程管理とはなにか

2種類のPDCAサイクル

❶2種類のPDCAサイクルがある

　PDCAサイクルでは「Plan（計画）→ Do（実行）→ Check（評価）→ Ation（改善）」を繰り返し、「ステップ・バイ・ステップ」で業務を改善します。しかし、PDCAサイクルには、Plan（計画）から始める「**PDCAサイクル**」と、Check（現状調査）から始める「**CAPDサイクル**」の2種類があります。それらをうまく使い分けます（図1-6）。

❷2種類のPDCAサイクルを使い分ける

　「PDCAサイクル」は計画から始まるサイクルです。新製品開発プロジェクト、経営改革プロジェクトといった「決められた目標に向かっての長期的な活動」に使われます。

　それに対して「CAPDサイクル」は現状調査から始まるサイクルです。現場改善、不良対策といった「現在発生している課題を急いで解決するための短期的な活動」に使われます。

● PDCAサイクルの例：「新製品開発プロジェクト」
　➢ 新製品の開発目標（性能、コスト、完成時期）を決める（Plan）
　➢ 開発を始める（Do）
　➢ デザインレビュー（3-10参照）で進捗状況をチェックする（Check）
　➢ 遅れが見つかったらメンバー増員などの対策を実施する（Ation）

● CAPDサイクルの例：「現場改善活動」
　➢ 現場を見て「今起きていること」を把握する（Check）
　➢ 原因を調査して改善方法を検討する（Ation）
　➢ 改善策を決める（Plan）
　➢ 改善策を実施する（Do）

第1章　工程管理の基本

図1-6　2種類のPDCAサイクルがある

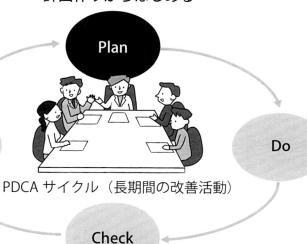

計画作りからはじめる

PDCAサイクル（長期間の改善活動）

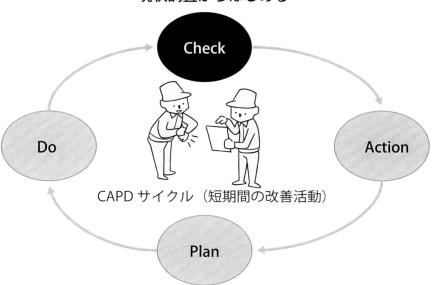

現状調査からはじめる

CAPDサイクル（短期間の改善活動）

個別受注生産、受注設計生産

3 工場には4タイプある

工場には「受注生産と見込生産」の2種類があり、受注生産はさらに「個別受注生産、受注設計生産、繰り返し受注生産」の3種類に分けられます。

❶個別受注生産

顧客企業から「こんな部品を10個作ってほしい！」と注文があり、もらった図面どおりに加工して出荷します。「金属部品を機械加工で作っている工場（図1-7）」、「冊子などの印刷工場（図1-8）」が代表例です。以下は機械加工工場のQCDの特徴です。

- Q（品質）：ベテラン作業者の加工技術が品質を決めるので、作業者の高齢化に悩んでいます。
- C（コスト）：製品コストを下げるために、受注量を増やして製品1個当たりの労務費を下げますが、飛込み注文が多いので生産計画が混乱し、受注量が伸び悩んでいます。
- D（納期）：製品によって加工内容が違うので生産計画が混乱し、1人の作業者だけが忙しくなり、納期遅れを起こしています。

❷受注設計生産

顧客から「こんな機械がほしい」と注文を受けます。顧客からの要求仕様にもとづいて設計し、必要な部品を購入して組立てて出荷します。「産業機械工場（図1-9）」、「金型工場」が代表例です。以下は産業機械工場のQCDの特徴です。

- Q（品質）：設計の巧緻が製品の品質（性能）を決めますが、技術者の人材不足に悩んでいます。
- C（コスト）：設計の巧緻が製品のコスト（材料代、加工費）を決めますが、品質と同様に人材不足に悩んでいます。
- D（納期）：設計期間が「受注から出荷までにかかる時間（リードタイム）」の半分以上を占めるので、出図納期の遵守が重要です。しかし新規設計が多いので「大まかな設計計画」しか作れず、実際に設計を始めたら、思いの外時間がかかり、納期に間に合わなくなったりしています。

第1章 工程管理の基本

図 1-7 金属部品の機械加工工場（個別受注生産）

図 1-8　冊子の印刷工場（個別受注生産）

第 1 章 工程管理の基本

図 1-9 産業機械工場（受注設計生産）

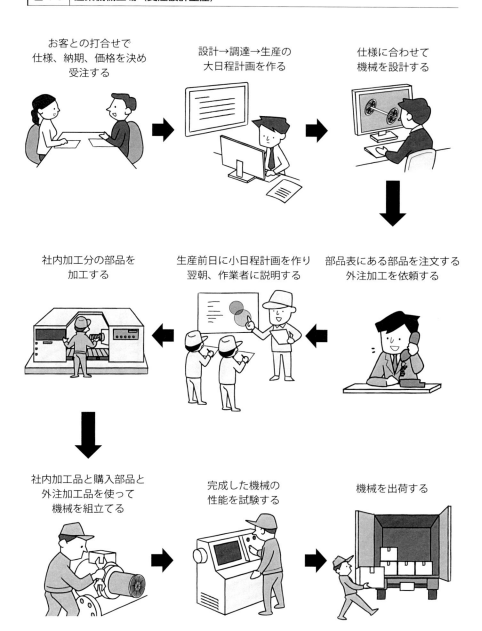

【3】工場には4タイプある

繰り返し受注生産、見込生産

❸繰り返し受注生産（受注組立生産）

　「顧客企業が設計した製品」を受注の都度、組立てて出荷します。「家電製品のユニット工場（**図1-10**）」、「プラスチック製品の成形工場（**図1-11**）」が代表例です。1回の受注数は10個から100個、受注から出荷までのリードタイムは1日〜1週間。以下はユニット組立工場のQCDの特徴です。

- Q（品質）：組立ミスを防ぐための作業者訓練が重要ですが、「派遣社員、パート、アルバイト」が増えて、教育が困難になっています。

- C（コスト）：改善活動で組立時間を短縮し、製品1個当たりの加工費を下げますが、改善活動が長続きしません。

- D（納期）：顧客企業から内示情報が出ないと、短納期生産には対応できません。その内示情報があてにならなかったり、そもそも内示が出ないことで悩んでいます。

❹見込生産（在庫生産）

　倉庫内の製品在庫が減ったら在庫生産（補充生産）します。「プリンタ工場（**図1-14**）」、「電子部品工場」が代表例です。以下はプリンタ工場のQCDの特徴です。

- Q（品質）：プリンタの品質は製品設計の巧緻に左右されます。主に海外のユニット工場（調達先企業）で作られるユニットの品質でも左右されます。そのユニットの品質確保が悩みの種です。

- C（コスト）：プリンタのコストは製品設計の巧緻に左右されます。海外の工場での人件費アップにも悩まされています。

- D（納期）：国内の自社工場では以前はセル生産で多品種少量生産を行っていました。しかし、「派遣社員、パート、アルバイト」が増えたので、セル生産をこなせる多能工（熟練作業者）の育成が難しくなっています。

第 1 章 工程管理の基本

図 1-10 家電ユニットの組立工場（繰り返し受注生産）

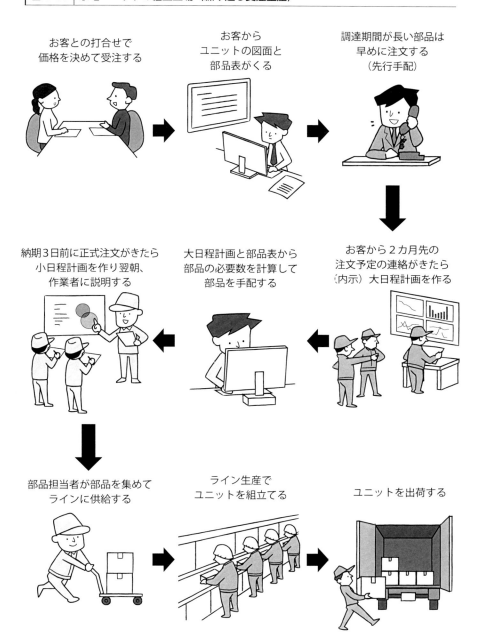

図 1-11 プラスチック製品の成形工場（繰り返し受注生産）

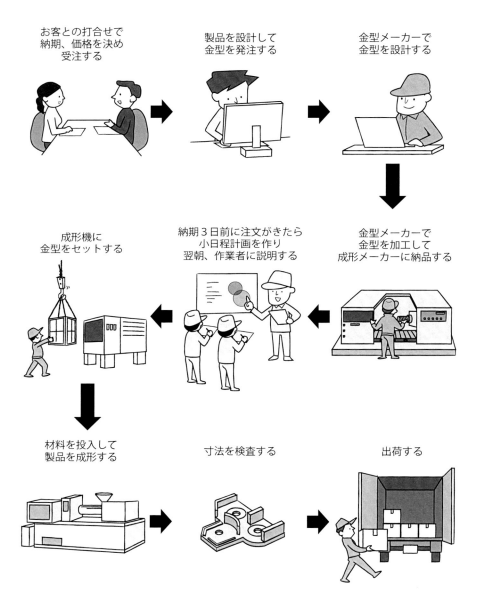

第1章 工程管理の基本

図 1-12 | 魚の切り身工場（見込生産と繰り返し受注生産）

図 1-13 | 干し肉工場（見込生産）

第1章 工程管理の基本

図 1-14　プリンタ工場（見込生産）

製品を開発して
図面と部品表を作る

調達期間が長い部品は
早めに注文する（先行手配）

製品在庫数と予想出荷数から
大日程計画を作る

部品担当者が
ユニットと部品を集めて
セルに供給する

生産前日に小日程計画を作り
翌朝、作業者に説明する

大日程計画と部品表から
ユニットと部品の必要数を
計算して手配する

セル生産で
プリンタを組立てる

生産したプリンタを
倉庫に保管する

注文がきたら
倉庫から出荷する

33

【4】工場タイプ別の生産性アップ方法

個別受注生産では手待ち時間を減らして生産性を上げる

❶個別受注生産では加工時間が読めない

　顧客から注文がきたら「入手した図面」をもとに加工をはじめる個別受注生産では、「初めて加工する製品」がほとんどです。そのため、加工を始める前に「正確な加工時間」を予想するのは困難です。

　そんな事情があるので、個別受注生産では「予想加工時間」に100％の余裕を載せて（2倍にして）納期を回答し、納期遅れを防ぎます。

❷掲示板で作業進捗を見える化する

　作業者が実際に加工をはじめたら、「予想通りの時間」で加工できたときは、納期に余裕を持たせた分だけ作業者は暇（手待ち状態）になります。

　ところが、「手待ち時間」を使って、次の日にやる予定の仕事を「前倒し生産」する仕組みがないため、生産性が低迷している工場をよく見ます。

　そんな工場では「**掲示板**」を使って工場長や作業者から「今日の作業の進捗状況と、明日以降の作業計画」が見えるようにすると以下の効果があります。

● 遅れている工程を応援できる

　掲示板で「遅れている作業（作業者）」を発見できるので、その作業をすぐに応援できます。

● 次にやるべき作業がわかる

　作業が思ったより早く終わったときは、作業者自身が次の日の予定を掲示板で確認し、作業者の判断で「前倒し生産」ができます（**図1-15**）。

● 飛込み注文を入れられる

　個別受注生産では、ほとんどの注文は「前触れなしにくる飛込み注文」です。掲示板で作業の進捗状況を見ると「作業者の手空き状況（込み具合）」がわかるので、工場長や営業が飛込み注文を「作業者の空き時間」に入れることができます。

第 1 章 工程管理の基本

図 1-15 個別受注生産では手待ち時間の削減で生産性アップ

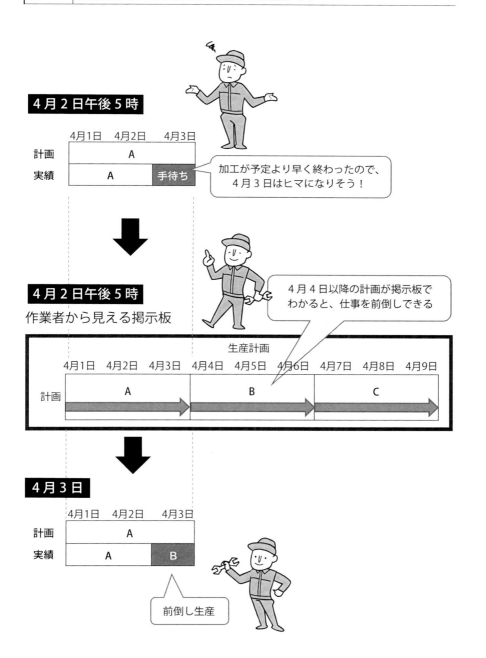

【4】 工場タイプ別の生産性アップ方法

受注設計生産では設計時間の
短縮で生産性を上げる

❶リードタイムの60％は設計時間

　受注設計生産では、顧客企業からの要求（仕様書）をもとに設計を始めます。設計が終わったら（場合によっては設計の途中で）部品を手配します。部品が集まったら製品を組み立てて出荷します。受注設計生産では「受注から出荷までのリードタイム」の60％を設計時間が占めます。したがって「設計の標準化」による設計時間短縮が重要です。

❷設計の標準化

　「製品設計に必要な時間」を短縮するのに有効なのが「設計の標準化（共通化）」です。設計の標準化には「図面の標準化から入る方法」と「初めに共通ユニットを設計しておく方法」の2種類があります（3-11参照）。

● 図面の標準化から入る

　設計部門が中心になって、今までに書いた図面の中から「似たような図面」を探し、その中でいちばんできが良い図面を選びます。その図面を「今後の設計ではこの図面を使う！」と決めます。

● 初めに共通ユニットを設計しておく

　製品の構造を共通部と変動部（顧客の要望で変える部分）に分け、あらかじめ共通部だけを設計しておきます。製品を受注したら顧客の要求に応じてカバーや操作部などの変動部を設計し、共通部と組み合わせて生産します。

　この共通部のように「ある機能を持った部品の集まり」をモジュール（またはユニット）と言います。複数のモジュールを組み合わせる設計が「モジュール設計」、それを使った生産が「モジュール生産」です。それに対して、製品を設計する度に全ての部品を「その製品に最適な形」に設計し直す方法を「すり合わせ設計」と言います。

　パソコン、プリンタ、電気自動車業界ではモジュール設計が行われています。ガソリン自動車業界でも「プラットフォーム化」という名前でモジュール設計が進んでいます（図1-16）。

第1章 工程管理の基本

図 1-16　モジュール設計とすり合わせ設計の違い

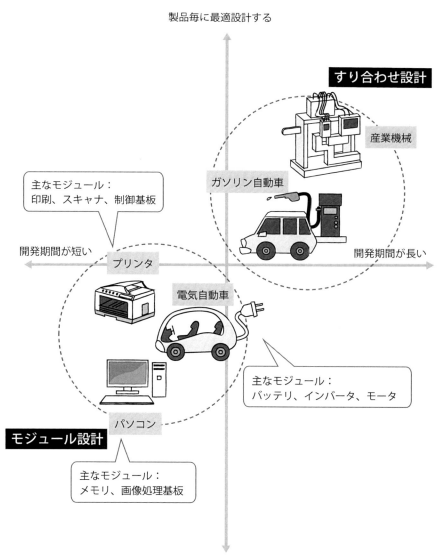

【4】工場タイプ別の生産性アップ方法

繰り返し受注生産では
在庫生産で生産性を上げる

　繰り返し受注生産では、顧客企業から同じ製品の注文が定期的にきます。例えば、顧客企業から部品メーカーへの1回の注文数は100個、納期は受注日の2日後、部品メーカーが100個作るには4日かかるとします。

　このときには部品メーカーは「在庫を持って短納期に対応する」以外に方法はありませんが、在庫生産には以下の3つの方法があります。

❶内示情報で製品在庫を持つ

　組立メーカーから「来月は200個注文する」といった内示情報（予定情報）を出してもらい、それに合わせて部品メーカーが製品を作り溜めします。その後、組立メーカーから正式注文がきたら、製品在庫から出荷します。

❷自己責任で製品在庫を持つ

　内示情報があてにならなかったり、内示情報がこないときは、毎月の生産数は「受注予測数と在庫数の差」で決めます。この方法は「製品の売れ残りリスク」が高く、売れ残りによる損失は自己責任にもなるので、できるだけ避けたい方法です。

❸中間製品で在庫を持つ

　内示情報がなくても、製品ではなく中間製品（半完成品）で在庫を持つと「売れ残りリスク」を抑えることが可能です。多くの部品メーカーでは、顧客から注文がきたら、中間製品から組み立てや加工をはじめて、納期に間に合わせています（図1-17）。

　中間製品には、途中まで加工したが「顧客に合わせた最終加工」は行っていない部品（例えば取り付け用の穴加工を行っていないギヤ）、途中まで組み立てたが顧客に合わせた最終組み立ては行っていない製品（例えばパソコン、プリンタのユニット）、製品は生産したが顧客に合わせた最終包装はしていない製品（例えば製品ラベルを貼っていない清涼飲料水）があります。

第1章 工程管理の基本

図 1-17 | 中間製品で在庫を持ち、在庫リスクを抑えて納期に間に合わせる

金属部品（ギヤ）

歯切り、熱処理までを行った中間品を在庫生産

受注

受注したら顧客からの要求に合わせて取り付け穴をあけて出荷

パソコン

中間製品まで組立

受注したら組立てて出荷

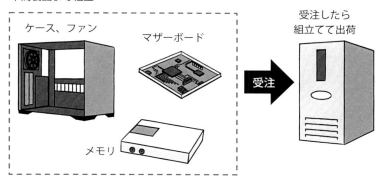

清涼飲料水

製品ラベルを貼っていない清涼飲料水を在庫生産

受注したら製品ラベルを貼って出荷

【4 工場タイプ別の生産性アップ方法

見込生産ではモノの流し方で生産性を上げる

　見込生産を行っている工場では「製品の大きさ、作る製品を切り替える時間（段取時間）」によって、3つの生産方式から自社に合った方法を選んで、生産性を上げています（図1-18）。

❶ライン生産

　同じ製品を大量に生産している工場では、1本の生産ライン上に複数の工程（作業者）を並べ、工程間はベルトコンベアなどで製品を搬送する「ライン生産」が最も多く行われています。

　しかし、ライン生産では、流す製品を切り替える時に10分程度の「製品の切り替え時間」が発生します。そのため、流す製品の種類が増えると「トータルの切り替え時間」が増え、その結果「実際に製品を作っている時間」が短くなり、ラインの稼働率が低下します。

❷セル生産

　そんなライン生産の欠点をカバーするため、プリンタメーカーなどでは、1人の作業者が複数の工程を受け持つ「セル生産」を行っています。セル生産では、作業者毎に違う製品を作るので「製品の切り替え」が不要になり、製品の種類が多くても稼働率が落ちません。

　しかしセル生産では、1人の作業者が多くの工程をこなす必要があり、熟練作業者（多能工）でないと作業が難しいという欠点があります（3-8参照）。

❸混流生産

　自動車はプリンタに比べて部品数が一桁多く（プリンタ2,000点、自動車20,000点）、しかも人の力では動かせない大型部品が多いので、セル生産は困難です。そのため自動車メーカーは「混流生産」を行っています。

　混流生産では、生産ライン上に組立時間の差が少ない数種類の製品を混ぜて流し、多品種少量生産に対応します。しかし、ライン上に流す全ての製品の作業時間を全く同じにはできません。作業時間が短い製品が流れてきたときには、作業者に「手待ちのロス」が発生し、稼働率が低下します。

第1章 工程管理の基本

図1-18 | 見込生産工場では、製品の大きさと製品の種類数で生産方式を決める

人手では運べない
大きい製品

混流生産（自動車）

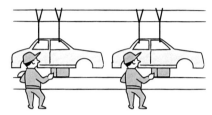

（製品間の組立方法の違いを減らしている）

ライン生産（大型家電）

製品の種類が多い　　　　　　　　　　　　　　製品の種類が少ない

セル生産（精密機器）

（作業者1人毎に違う製品を生産している）

ライン生産（精密機器）

人手で運べる
小さい製品

コラム

● 自分を成長させるために会社を使い倒す ●

● 120時間残業時代

　1972年に大学を卒業し、東京の電機メーカーでファクシミリの設計をはじめた。毎月の残業は70～120時間、それでも30代までは新製品開発に燃えていた。しかし、ファクシミリ市場が縮小し、開発部隊がプリンタ事業に吸収されると、開発意欲も低下し、40歳になるころには「定年までこのままでいいのか？」という気持ちが次第に膨らんできた。

● 原価企画部時代

　そんなとき、専務から「今度、原価企画部を作るので、そこで頑張ってみないか？」といわれ、千載一遇のチャンスと思い即諾した。その後、プリンタのコストダウンにつながるものには何でも手を出した。気がつけば「モジュール設計、原価管理、他社機調査、部品メーカーの開拓と指導」と、設計者時代よりはるかに広範囲の仕事をやっていた。これが「新しもの好き」の自分の性格にピッタリはまっていた。

　しかし、この仕事を進めるには、設計者のノウハウだけでは全くパワー不足だったので中小企業診断士の資格をとった。すると、その知識がエンジンになり、原価企画活動の中で様々なノウハウを吸収する速度が倍以上になった。気がついたら、上司も含めた周りの全ての人間が「自分の成長（暴走）を止めるブレーキ」にしか見えなくなっていた。ふり返ってみると、この時期が自分を成長させるために「会社を使い倒していた時期」だったのかもしれない。

● 独立後

　会社を使い倒しまくっていたら、いつの間にか全社のコストダウンを推進する原価企画部長になっていた。しかし、自分がやりたいことが会社の中だけでは納まりきらなくなったと感じ、53歳で会社を退職した。独立後は、今まで溜めていたエネルギーを一気に解放し、国内外で430社の製造業を指導した。ただし、体感的には「企業を指導している」というよりは、「多くの企業文化に触れる旅を20年近く続けている！」と言った方が合っているかもしれない。

【 第**2**章 】

工程管理の前準備

〈1〉 モノの流し方を決める

プッシュ式とプル式の違い

　工場でのモノの流し方には、前工程が作ったものを後工程に押し出す「プッシュ式」と、後工程が前工程で作ったものを引き取る「プル式」があります。トヨタの「カンバン」はプル式の一種です。

❶プッシュ式（押出し方式）

　ほとんどの工場ではプッシュ式で生産しています。機械加工と溶接を行っている工場では、顧客から注文がくるとまずは機械加工を行い、1個加工が終わったら、その部品を溶接工程に運んで箱に入れます。溶接作業者は、今行っている作業が終わったら、箱に入っている部品を取りだして溶接を行います。

　プッシュ式の欠点は、工程間に「在庫（仕掛品）」が溜まることです。工場に50個の注文がきて、1個機械加工するのに1分、1個溶接するのに2分かかるとします。

　図2-1上のように、製品を作りはじめて10分後には機械加工工程では10個加工が完了します。しかし、溶接工程ではまだ4個しか完成していません（初めの1分間は製品が来るのを待つので）。その結果、溶接工程の前には6個の在庫が溜まります。50分後には溶接工程の前には26個（50個－24個）の在庫が溜まり、足の踏み場がなくなります。その後在庫は減り始めます。101分後にやっと在庫がなくなって50個の生産が完了します。

❷プル式（後工程引き取り方式）

　このような工程間在庫の増加を防ぐには、溶接工程の前に「在庫の数がひと目でわかる場所」を作ります。製品を作りはじめて在庫が10個になったら加工作業者は作業を止め、溶接作業者だけが作業を続けます。在庫が5個に減ったら、溶接作業者から加工作業者に「10個生産してください！」と伝えます（加工作業者が自分で判断してもよい）。

　これなら、図2-1下のように在庫は10個以上にはなりません。そしてプル式と同じ101分後に50個の生産が完了します。

44

第 2 章 工程管理の前準備

図 2-1 プッシュ式とプル式での在庫推移

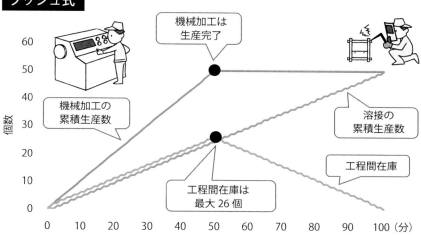

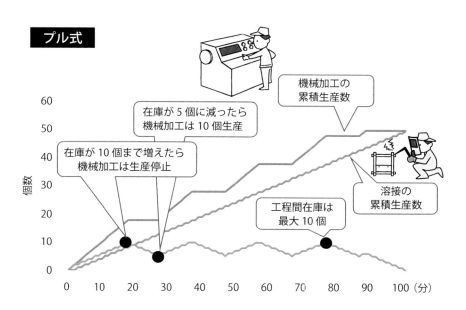

【1】モノの流し方を決める

プッシュ式とプル式を使い分ける

　毎日製品Aに200個の注文がきて、それが工場の生産能力の80％以上ならプル生産（後工程引き取り方式）で仕掛品在庫を減らすべきでしょう。しかし、注文数が日によって（季節によって）大きく変動し、100個しか注文がこない日があると、作業者は午前中に仕事がおわって暇になります。

　こんな事態を避けるため、多くの企業では毎日注文がくる製品Aはプル生産し、製品Aの注文が減った日は「在庫生産が可能な製品B」をプッシュ生産して手空き時間を埋めます。つまり「**プッシュ式とプル式の混合生産**」を行っています。

❶金属加工工場（図2-2上）

　自動車部品のように連続して注文がくる部品は「プル生産」を行います。自動車部品の注文が少ない日は、手空き時間を使って、冬に注文が来る予定の「ヒーター用部品」や「自社で開発した製品」をプッシュ生産で作り溜めします。

❷魚の加工工場

　北海道の鮭の加工工場では、秋に捕った鮭をオホーツク海沿岸の工場でさばいて冷凍し、トラックで道南まで運んで大型冷凍倉庫に保管します（プッシュ生産）。春になって鮭が捕れなくなると、沿岸工場の作業者は「取引先の近くにある道南の工場」に移動し、取引先からの注文がきたら、鮭を加工します（プル生産）。

❸ユニット組立工場（図2-2下）

　エンジンなどの自動車用のユニットを組立てている工場では、自動車メーカーから1週間に1回のペースで200個の注文がきて、納期は2日後です（ジャストインタイム）。工場では200個の組み立ては2日間でできますが、ユニットに使う部品を加工するには5日間かかります。そのため、部品は在庫生産を行い（プッシュ生産）、ユニットは顧客の注文に応じてプル生産を行います。

46

第 2 章 工程管理の前準備

図 2-2 プッシュ式とプル式の混合生産

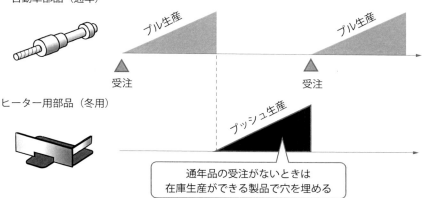

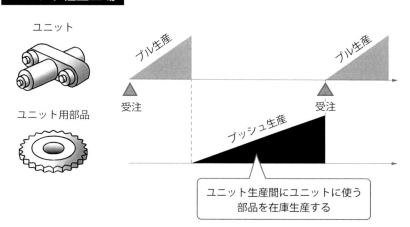

【2】 生産方式を決める

ライン生産とは

　ライン生産とは、作業者を一列に並べて、ベルトコンベアで流れてくる製品に部品を取り付ける生産方法、いわゆる「流れ作業」です。ライン生産は一度に大量の製品を流す「大ロット生産」に使われます。ただし大ロットと言っても、1年中同じ製品を作り続ける工場と、100個作ったら製品を切り替える工場があるので、ライン生産にもいろいろな種類があります。

❶同じ製品を流し続けるライン生産

　コロッケ工場では、コロッケを揚げる機械（フライヤー）があって、その機械の後にコロッケをトレイに載せる作業者が並んでいます。流す製品を切り替えるのには時間がかかるので「同じ製品を流す専用ライン」にしている工場が多いようです。こんな工場の生産性を上げるには、機械の速度を上げるか、作業方法を改善して作業者を減らすしかありません。

❷製品を切り替えるライン生産

　玩具工場では、ベルトコンベアの横に作業者が並び、作業者の横に置いてある箱から部品を取り出して製品を組立てます。工場では1日に何回か部品箱を交換して、ラインで作る製品を切り替えます。多くの工場では「次の製品の組立に使う部品」が入った箱を、切り替え前に作業者の背後に準備しておくことで「製品の切り替え時間」を短縮し、ラインの稼働率を上げています。

❸数種類の製品を同時に流す混流生産 （図2-3）

　自動車工場では、ラインを切り替える代わりに、コンベア上に様々な自動車を混ぜて流します（混流生産）。しかし、組立て時間が車種によって違うと、作業者が忙しくなったり暇になったりして生産性が低下します。

　そのため、自動車会社では「車種間での組立時間の差」が少なくなるように、違う車種でも同じ部品やユニットを使う「**設計の標準化（プラットフォーム化）**」を進めています。

第2章 工程管理の前準備

図 2-3 うまくいった混流生産

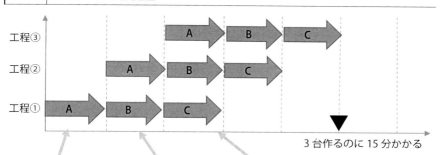

図 2-4 平準化ができずに間延びした混流生産

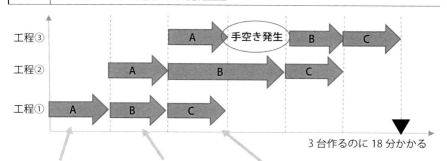

【2 生産方式を決める

セル生産とは

セル生産には様々な方式があり、代表的なものは「1人屋台方式」です。屋台のラーメン屋が、作業しやすいように具材を自分の周りに置くのと似ているのでそう呼ばれます。セル生産がライン生産より優れている点は以下の2つです。

❶セル生産では製品の種類が増えても生産性は落ちない

プリンタ工場で5人編成（5工程）のライン生産を行い、全作業者が各々1分で自分の作業（工程）をこなすと、プリンタは1分に1個（1時間に60個）のスピードで完成します。その結果、プリンタ1種類を300個生産するには5時間ですみます。しかし、プリンタ5種類を各60個、合計300個生産し、製品切り替えに1時間かかると、**図2-5**のように9時間かかります。

そこで、ラインにいた5人の作業者が「1人屋台方式のセル生産」を始めます。各作業者は別々のプリンタを5分に1個作ります（5工程をこなすので）。そうすると、**図2-6**のようにプリンタ5機種を各60個、合計300個生産するのは5時間で済みます。つまりセル生産では、製品の種類が多くなっても生産性が落ちないのです。

❷セル生産にはボトルネック工程がない

5人編成のラインにいる作業者の1人が休んで、代わりに慣れない作業者Aが入り、その作業者Aの作業時間は他の作業者の倍の2分だとします。そのラインでは作業者Aが**ボトルネック工程**（流れが詰まっている工程）になり、プリンタは2分に1個しか完成しません。その結果、1種類のプリンタを300個生産するには10時間かかります。

しかし、休んだ作業者を除く4人だけで「1人屋台方式のセル生産」を行うと、4つのセルの合計では5分に4個生産でき、その結果、375分（6時間15分）でプリンタ300個が完了します。つまりセル生産では、ライン生産のように「ボトルネック工程」による全体の速度の低下は起きないのです。

図 2-5 ライン生産

「1 時間に 60 個」生産でき、製品切替えに 1 時間かかる、5 人編成のライン生産では
プリンタ 5 機種を各 60 個、合計 300 個生産するに 9 時間かかる

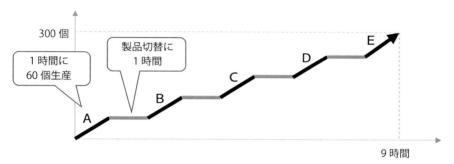

図 2-6 セル生産

「5 分に 1 個」生産できるセルを 5 個つくると
プリンタ 5 機種を各 60 個、合計 300 個生産するには 5 時間しかかからない

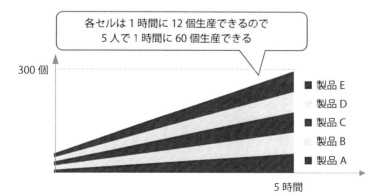

2 生産方式を決める

セル生産の種類

　セル生産を行うときには「製品の複雑さ」や「生産に必要な設備の有無」によって以下の3種類を使い分けます（図2-7）。

❶1人屋台方式（1人生産方式）

　1人屋台方式では、作業者1人だけで製品の組立を始めから最後まで行います。作業者は自分の周りに必要な部品を並べて、製品を組み立てます。1人で全ての作業を行うので、たとえそのセルにいる作業者の生産速度が落ちても、他の作業者への影響はありません。部品数は50個程度、組立時間は10分から30分程度になるように「組み立てる製品」を決めます。

❷分割方式

　部品数が50個以上の製品や、作業者がセル生産（1人屋台）に慣れていない工場で使われます。1人屋台を連結した「分割方式」にして、セル内に複数の作業者を配置します。作業者間はベルトコンベアではつながずに、次工程へは手で送ります。熟練作業者には多くの工程を持たせ、新人作業者には少ない工程を持たせて、作業者間の仕事量を調整します。

❸巡回方式

　製品の生産に高価な設備が必要なときに使われます。たとえば、自動車部品を「プレス→溶接→検査」という3工程で作るときは「プレス機、溶接機、測定器」をU字型に配置します。

　設備の間を1人の作業者が製品を持って移動します。2人以上の作業者を入れると、さらに効率が上がります（ウサギ追いラインと言います）。しかし、2人の作業速度が違うと早い作業者が追いついてしまい、かえって効率が落ちるので注意してください。

　全行程の加工時間が10分以上かかる場合は、U字型のラインを2つに分割し、各ラインには作業者を1人入れます（合計2人）。1本目のU字ラインの最後の工程と、2本目のU字ラインの最初の工程をつないで、そこで製品をバトンタッチします。

52

第 2 章 工程管理の前準備

図 2-7 セル生産の種類

高価な設備は不要

1人屋台方式

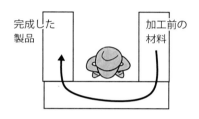

分割方式

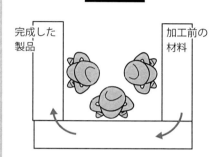

部品数が少ない　　　　　　　　　　　　　　　　　部品数が多い

工程数が少ない　　　　　　　　　　　　　　　　　工程数が多い

巡回方式（1人、または複数）

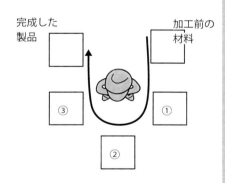

巡回方式（2人）

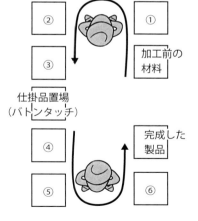

高価な設備が必要

【2 生産方式を決める

ライン生産かセル生産か

　セル生産は、多品種少量生産を行っている工場ではとても有効です。しかし、ライン生産に比べてデメリットもあるので、導入前に自社に合うかどうかを**表2-1**でチェックしてください。

❶セル生産のメリット

●人数が揃わなくても生産ができる

　ライン生産では決められた人数が揃わないと生産できません。セル生産では、人数分のセルを作れば生産ができます。

●ボトルネックの影響がない

　ライン生産では1人の生産速度が遅いとライン全体も遅くなります。セル生産ではその作業者のセルだけが遅くなり、他のセルは影響されません。

●製品の切り替えが不要

　ライン生産では、作る製品を変えるときに「切替え作業」が発生します。セル生産ではセル毎に違う製品を生産すれば「切替え作業」は不要です。

●作業者毎の実績がわかる

　セル生産では作業者毎の生産実績とできあがり品質が明らかになります。その結果、作業者の責任感が強くなり、不良原因の分析もやりやすくなります。

❷セル生産のデメリット

●高い技能が必要

　セル生産では部品数が50個程度の製品の組立を行うので、ある程度の技能が必要です。したがって、離職率が高い工場での実施は困難です。ライン生産では受け持つ工程が短いので高い技能は不要です。

●大きい製品は苦手

　セル生産では、自動車のような大きい製品を組立てようとすると、各セルに部品を運ぶ搬送用機械が必要になります。その結果、「レイアウトの変更が簡単で、フレキシブルな生産ができる」といったセル生産のメリットが失われます。

第2章 工程管理の前準備

表2-1 ライン生産とセル生産の比較

	セル生産	ライン生産
一定の人数が揃わなくても生産できる	○	×
作業者間に能力差があっても生産性は落ちない	○	×
製品の切り替え時間が長くても生産性は落ちない	○	×
不良原因を分析しやすい	○	×
レイアウトの変更が簡単にできる	○	×
作業者のモチベーションが上がる	○	×
製品にあわせた生産方法を工夫できる	○	×
生産数の増加に簡単に対応できる	○	×
生産する製品の種類が多くても生産性が低下しない	○	×
作業者自身が生産方法を改善しやすい	○	△
作業者が熟練工でなくても生産できる	×	○
製品が大きくても生産できる	×	○
設備や検査治具を増やす必要はない	×	○
離職率が高い工場でも生産できる	×	○
部品供給は簡単にできる	×	○
非正規社員が多い工場でも運用できる	×	○
作業者への教育が不十分でも生産できる	×	△

55

【2 生産方式を決める

セル生産とライン生産を
使い分ける

　前節で紹介したようにライン生産とセル生産には得手・不得手があります。
そのため、どちらかに統一された工場は少なく、2つをうまく使い分けている
工場が多く見られます。

❶共通ユニットはライン生産、製品はセル生産

　家電製品やプリンタの工場ではユニットはライン生産で作り、それを製品に
仕上げるのはセル生産で行っています。

　プリンタのユニットに使う部品の多くはプラスチック製です。そのため、プ
ラスチックの成形企業では自社で成形した部品をライン生産でユニットに組み
上げて、プリンタ企業に出荷します。

　プリンタ工場では「1人屋台のセル生産」で、複数のユニットをプリンタに
組み上げています。

❷共通ユニットはセル生産、製品はライン生産

　自動車工場では部品はセル生産、ユニットはライン生産（専用ライン）、自
動車本体はライン生産（混流生産）で生産しています。

　2次サプライヤ（ティア2）では、1人の作業者が複数の設備の間を歩きなが
ら加工する「巡回方式のセル生産」で自動車部品を加工します。

　1次サプライヤ（ティア1）では、2次サプライヤから調達した部品を、専用
のラインでエンジンなどのユニットに組み上げて、自動車工場に出荷します。
1次サプライヤがライン生産を行うのは、自動車ユニットの部品数が100点以
上あるのでセル生産が難しいからです。

　自動車工場では、ライン生産（混流生産）で「1次サプライヤから調達した
複数のユニット」をプラットフォーム（車台）に載せて、様々な自動車に組み
上げます。ライン生産を行うのは、プラットフォームに載せるユニットが大き
くてセル生産が困難なためです。

第 2 章　工程管理の前準備

図 2-8　プリンタの生産方式

プリンタユニットは
部品メーカーでライン生産
（専用）

プリンタの組立は
プリンタメーカーでセル生産
（1人屋台方式）

図 2-9　自動車の生産方式

自動車部品は
2次サプライヤでセル生産
（巡回方式）

自動車ユニットは
1次サプライヤでライン生産
（専用ライン）

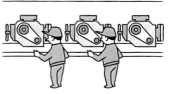

自動車の組立は
自動車メーカーでライン生産
（混流生産）

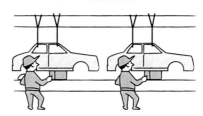

【2 生産方式を決める

機械の配置を決める

　工場内の機械の配置には、同じ種類の機械を集めた「ジョブショップ型」と、製造（モノ）の流れに沿って機械を配置した「フローショップ型」の2種類があります。しかし、どちらかに統一された工場は少なく、多くの工場では工場内に2つの方法が共存しています。

❶ジョブショップ型レイアウト

　生産工程が異なる様々な製品を加工する工場では、同じ種類の機械を1か所に集め、機械の間を製品を運びながら加工します。

　金型を作っている工場では、金型を作るのに使う「研削盤、マシニングセンタ（MC）、放電加工機」などの工作機械を、機械の種類ごとに別々のエリア（部屋）に集めます。各部屋にはその機械専門の熟練作業者がいます。金型材料はその部屋の間を運ばれながら、金型に加工されていきます。

❷フローショップ型レイアウト

　継続して生産している製品は、その製品専用の製造ラインで作られます。

　自動車部品を3台の機械で作る場合は、3台の機械をU字型に配置し、1人の作業者が機械の間を材料（または仕掛品）を持って渡り歩きながら加工します。

❸2つのタイプを共存させる

　多くの工場は、工場全体はジョブショップ型レイアウトで同じ機械をまとめて配置し、工場の一部のエリアまたは別棟にフローショップ型レイアウトで専用ラインを作っています。

　ただし、2つのレイアウトを共存させるときには、材料の搬入から製品の搬出までの「物の流れと作業者の流れ」の**動線分析**（モノと人の軌跡を分析）を行って、ムダな動きが発生しないように機械の配置を決めます。

第 2 章 工程管理の前準備

図 2-10 ジョブショップ型レイアウト（金型工場）

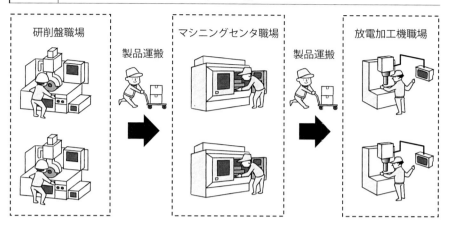

図 2-11 フローショップ型レイアウト（自動車部品工場）

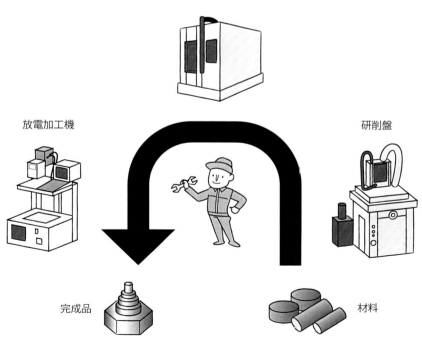

3 生産計画を作る

生産計画にはフォワード方式と
バックワード方式がある

　フォワード方式の生産計画は、受注した製品が生産可能な日になったら、すぐに作る「前詰め方式」です。それに対して、バックワード方式は、受注した製品を納期からさかのぼって作る「逆算方式」です。

❶フォワード方式

　フォワード方式では製品の生産計画を前詰め（先着順）で作るので、受注から生産開始までの「待ち時間」は短くなります。さらに、フォワード方式で作ると、生産完了日から納期の間に「仕事が入っていない余裕日」が生まれます。その余裕日を使うと、特急品（飛込みの短納期品）への対応ができ、その結果、工場の稼働率と生産性が上がります。（3-4参照）

　ただし、フォワード方式では納期より前に製品が完成するので、「工場内の完成品在庫が増える」という欠点があります。

❷バックワード方式

　バックワード方式では生産計画を納期からさかのぼって作ります。その結果、受注から生産開始までの「待ち時間」が長くなります。しかし、バックワード方式では生産が完了するとすぐに出荷するので「工場内の製品在庫数」は少なくてすみます。

　バックワード方式では、納期からさかのぼって計画するために「その製品の生産に必要な時間（工数）」を高い精度で予測できることが条件になります。高い精度で予測できない場合は、計画にバッファ日数（余裕期間）を加えます。しかし、バッファ日数が多すぎると工場の稼働率が下がります。

❸2つの方式の使い分け

　新規受注が多いので、設計や製造にかかる工数が読めない「個別受注生産や受注設計生産」はフォワード方式または「バッファ日数を加えたバックワード方式」が適しています。以前作ったことがあるので工数が読める「繰り返し受注生産や在庫生産」はバックワード方式が適しています。

60

第2章　工程管理の前準備

図 2-12 ｜ フォワード方式とバックワード方式の在庫数の推移

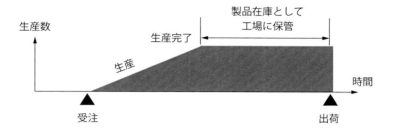

図 2-13 ｜ フォワード方式とバックワード方式の比較

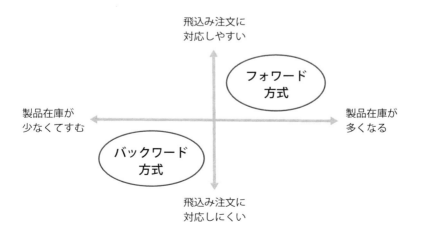

61

【3 生産計画を作る

個別受注生産の生産計画

　生産計画には「大日程計画、中日程計画、小日程計画」があります。大日程計画は3カ月〜1年先、中日程計画は1週間〜3カ月先、小日程計画は1日〜1週間先の計画を作ります。

　金属部品を機械加工している工場では、顧客から送られた図面を元に納期を回答し、様々な工作機械を使って金属部品を生産します。この機械加工工場を例に「個別受注生産」の生産計画を紹介します（**図2-14**）。

❶中日程計画

　機械加工工場では、他の製品の加工を止めて、ひとつの製品の加工だけに集中すると、ほとんどの製品は1日で加工できます。しかし、顧客から納期の指定がない全ての製品は「納期は受注日の1週間後」で回答します。納期が1週間後なので大日程計画は作りません。その6日間のバッファ日数（余裕期間）の中で、工場が作りやすい順番で製品を加工します。

　「納期は2日後」といった特急品が入ったら、1週間のバッファ日数の中で他の製品の計画をずらして、特急品を割り込ませます。

❷小日程計画

　午後4時に「材料入荷状況、今日の作業の進み具合、特急品の受注状況」をもとに小日程計画を作ります。翌朝に、その小日程計画を使って作業者に作業内容を指示します。

　このときに大事なことは、毎日、10分間でもよいので「工場、購買、営業」が、実際に会って打ち合わせを行い、情報を「**共有化**」することです。

　情報を共有化しないで作った小日程計画で生産をはじめると、作業開始後に材料がないことがわかって仕事が止まったり、特急品を割り込ませるために営業が工場内を飛び回る羽目になります。

62

図 2-14 | 機械加工工場（個別受注生産）の生産計画

3日までの受注状況で作った中日程計画：
製品 A、B、C の 3 製品を受注し、納期は全て 1 週間後と回答
3 製品の生産リードタイムは全て 1 日

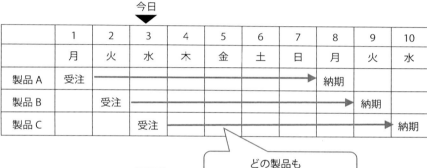

	1	2	3	4	5	6	7	8	9	10
	月	火	水	木	金	土	日	月	火	水
製品 A	受注	→	→	→	→	→	→	納期		
製品 B		受注	→	→	→	→	→	→	納期	
製品 C			受注	→	→	→	→	→	→	納期

どの製品も納期は1週間後に設定

3日の午後4時に作った小日程計画：
バッファ日数を使って製品毎の計画を調整する

今日 ▼

	1	2	3	4	5	6	7	8	9	10
	月	火	水	木	金	土	日	月	火	水
生産計画				製品 D	製品 C	製品 A		製品 B		

特急品の製品 D はバッファ日数内で他の製品をずらして割り込ませる

製品 A、B、C はバッファ日数内で作りやすい順番で生産する

【3 生産計画を作る

受注設計生産の生産計画

　金型を設計・製造している工場では、顧客企業から送られてきた製品図面を
もとに価格と納期を回答し、「金型設計、機械加工、組立（型合わせ）」を行い
ます。この金型工場を例に「受注設計生産」の生産計画を紹介します（図
2-15）。

❶大日程計画

　金型を受注したら、「金型設計、機械加工、組立（型合わせ）」にかかる日数
を設計部門と製造部門で予測します。その結果に「30％のバッファ日数（余
裕）」を加え、納期からさかのぼるバックワード方式で生産計画を作ります。
このときに、他の金型の計画と重ならないように大雑把に調整します。

　バッファ日数が多すぎると、工場の余裕が増えすぎて稼働率が低下します。
過去の予測日数と実績日数のデータを使って、必要日数の「予測精度」を上
げ、バッファ日数を小さくしていく活動を日常的に行います。

❷中日程計画

　金型を設計後に、中日程計画で「金型毎の機械加工計画と組立計画」を作り
ます。機械加工計画は「ワイヤカット、マシニング、研磨」などの加工工程毎
に作ります。

　計画を作ったら、ある時期に「特定の機械を使った加工」が集中しないよう
に計画を調整します。その時に大日程計画で盛り込んだバッファ日数（30％の
余裕）を使います。こういった計画の見直しを**山積み山崩し**と言います。
（3-5参照）

❸小日程計画

　小日程計画では、作業者や機械毎に「1週間分の計画」を作ります。これは
実質的に作業者への「生産指示書」になります。作業者は小日程計画（パソコ
ン画面）を見て「その日にやること」を確認しながら作業を進めます。

　その日の作業が早く終わったら、作業者が小日程計画上で次の日の予定を確
認して「前倒し生産」を行います。

第 2 章　工程管理の前準備

図 2-15　金型工場（受注設計生産）の生産計画

大日程計画

	4月
	1 2 3 4 5 6 7 8 9 10 11 12 13 14 15 16 17 18 19 20 21 22 23 24 25 26 27 28 29 30
製品 A	設計　　　機械加工　　　　　　組立　納期
製品 B	設計　　　機械加工　　　　組立　納期

バックワード方式で、各工程の予測工数に 30％程度のバッファ（余裕）を加えて計画。
バッファ日数が多すぎると納期遅れは減るが、設計と工場の稼働率が低下する。

中日程計画

	4月
	1 2 3 4 5 6 7 8 9 10 11 12 13 14 15 16 17 18 19 20 21 22 23 24 25 26 27 28 29 30
製品 A	ワイヤカット　マシニング　研磨　組立　納期
製品 B	ワイヤカット　　マシニング　研磨　組立　納期

同じ工程に機械加工が集中しないように「山積み山崩し」を行う。
そのときに大日程で加えたバッファ（余裕）を使う。

小日程計画（差立て）

マシニングセンタの計画

時間	月	火	水	木	金
8〜10	製品 A	製品 D	製品 G	製品 H	製品 L
10〜12	製品 B			製品 J	
13〜15		製品 E			製品 M
15〜17	製品 C	製品 F	製品 H	製品 K	

65

【3】生産計画を作る

繰り返し受注生産の生産計画

　プリンタのユニットは、プリンタメーカーがあらかじめ設計して、「ユニットの組立を行う工場」に図面を送ります。ユニット工場ではその図面をもとに組立方法を決め、必要な部品を買って在庫しておきます。

　その後、プリンタメーカーから短納期の注文がくるつど、ユニット工場では在庫していた部品を使ってユニットを組立てます。このユニット工場を例に「繰り返し受注生産」の生産計画を紹介します（図2-16）。

❶大日程計画

　プリンタメーカーからは、月末に「翌々月の1カ月分の発注予定」つまり「**月次内示情報**」がきます。ユニット工場では月次内示に合わせて部品の手配を行います。ただし、輸入部品などの発注から入荷まで2か月以上かかる長納期部品は、自社で「受注予測」を行って月次内示の前に発注しておきます。

❷中日程計画

　プリンタメーカーからは、週末に「翌々週の1週間分の発注予定」つまり「**週次内示情報**」がきます（月次内示より精度が高い）。ユニット工場では週次内示にあわせて1週間分の生産計画を作ります。受注した製品は以前生産したことがあるので、組立時間は正確に読むことができます。したがって、ユニットを組立てるための様々な工程間の負荷調整（山積み山崩し）も行えます。

❸小日程計画

　プリンタメーカーからは、納期の3日前に「**確定注文**」がきます。工場では確定注文に合わせて、明日以降は「誰が、どんな作業を行い、目標生産数は何個か」を決めた小日程計画を作ります。それを翌日の朝礼で作業者に説明します。このときに「作業指示書（3-6参照）」、「差立て板（3-6参照）」、「進捗管理板（3-7参照）」を使います。

第 2 章　工程管理の前準備

図 2-16　ユニットの組立工場（繰り返し受注生産）への注文方式

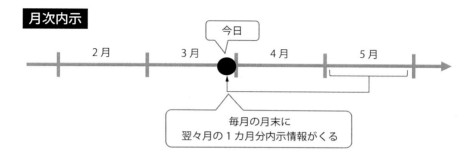

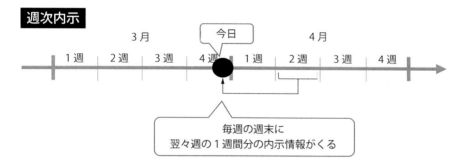

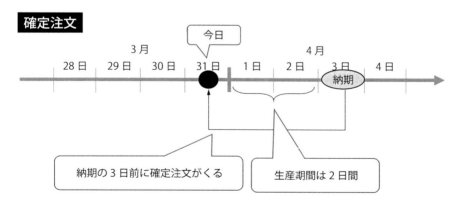

3 生産計画を作る

見込生産の生産計画

　プリンタ工場では「市場での売上状況」に合わせて製品を在庫生産し、注文がくると倉庫から製品を出荷します。このプリンタ工場を例に「見込生産」の生産計画を紹介します。

❶大日程計画

　図2-17のように、今日が3月末だとすると、「5月の生産数」を「6月末までの3カ月間の予想出荷数」と「現在の在庫数」と「4月の生産予定数」と「安全在庫数」から決めます。

　　● 5月の生産数
　　　＝4～6月の予想出荷数－現在の在庫数－4月の生産予定数＋安全在庫数

　生産に必要な部品は、5月の生産に間に合うように、1カ月以内に調達します。ただし、調達リードタイムが長い「海外からの輸入部品」などは大日程計画を立てる前に必要数を予測して「先行手配」します。

　プリンタ間では部品の共通化が進んでいるので、部品手配数は「**部品表 (BOM)**」を使った部品展開を行って計算します（3-15参照）。

　製品の安全在庫数は「1カ月の生産数程度」にします。製品在庫は工場以外に「流通在庫、ディーラー在庫、店舗在庫」があるので、工場在庫は最低限に抑えます。また、自社倉庫内で持つ部品の在庫数も抑えたいので、部品メーカーにはJIT生産（ジャストインタイムでの納品）を要求します。

❷中日程計画

　プリンタ工場では、週末にその時点での生産の進捗状況、部品の入荷状況をもとに「翌々週の1週間分の生産計画」を作ります。

❸小日程計画

　工場では毎朝、今日は「誰が、どの製品を組立て、目標生産数は何個か」を朝礼で作業者に伝えます。組み立てを「1人屋台方式」のセル生産で行っている工場では、作業者の前のモニター画面で作業内容を指示します。

第2章 工程管理の前準備

図 2-17 | プリンタ工場（見込生産）の生産計画

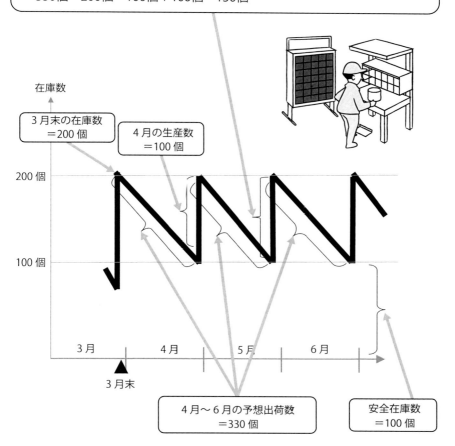

> **コラム**

● 経営コンサルタントの工程管理 ●

●計画作り

　現在は月に2回の訪問指導や講演を12社に行っている。そのため、活動計画をうまく作らないと、土曜にまで働く羽目になる。具体的には遠方に出張したときはその近くにある企業訪問も行う、半日ですむ企業指導は合体させて1日に2社を訪問するように計画を作っている。

●製品のモジュール化

　工場と同じく、経営コンサルタントも製品（サービス）の種類を増やしすぎると、得意ではないことをやるので、付加価値が低くて手間ばかりかかり、生産性が低くなる。私の場合はサラリーマン時代に会社を使い倒して身につけた「原価管理、原価企画、現場改善、工程管理」という4つのモジュール（基本ユニット）だけを使っている。そのモジュールを指導する企業に合わせてチューニングする。その結果、生産性が上がり、モジュール自身の性能も企業指導の度に進化している。

●自工程完結

　毎日、違う会社を訪問し、帰宅後に指導結果を整理していると、寝る間がなくなる。そんな「整理作業」をなくすため、企業での指導はホワイトボードを使いながら進め、指導終了時にそのボードを写真に撮る。こうすると、帰宅後に改めて整理する必要がない。次にその企業に行くときは、出かける前に15分くらい写真に目を通すだけで、前回の指導内容を100％思い出し、指導方針を練ることもできる。

●間接業務は外注化

　私は部下を持たずに1人でコンサルティング業務を行っている。そのため「企業への事前訪問などの調整の作業」は、私に依頼してくる支援機関やシンクタンクの社員にお任せしている。つまり「間接業務の外注化」である。私は不得意だが、調整業務が得意な方々が世の中には多くいる。そのおかげで、私は得意な企業指導に専念できる。

【 第 **3** 章 】

工程管理を実践する

《1》 製品の付加価値を上げる

価格見積もりで製品の付加価値を上げる

❶製品原価と稼働率の関係

新製品を受注したときに最初に行うのは価格見積もりです。見積価格が安すぎると製品の付加価値が低くなり、その後の工程管理をどんなにうまくやっても生産性は上がりません。

- ●時間単価
  ＝労務費・経費÷（全作業者の年間就業時間×稼働率）
- ●製品原価＝材料費＋外注費＋（時間単価×加工時間）
- ●見積価格＝製品原価×希望利益率

❷価格見積もりのステップ（図3-1）。

受注生産工場での価格見積もりは以下のように行います。

1. 標準時間単価を決める

受注生産では稼働率が不安定なので、安全を見て「昨年実績マイナス10％」の稼働率を使って、工場が価格見積もりに1年間使い続ける時間単価（標準時間単価）を決めます。

2. 見積内訳を計算する

工場の標準時間単価と、製品の「予想材料費、予想外注費、予想加工時間、希望利益率」から「見積内訳」を決めます。このときの「予想加工時間」が工場の改善目標になります。

なお、希望利益率には自社の販管費分を上積みします。会社の年間製造原価が1000万円、年間販管費が200万円なら、希望利益率に20％を上積みします。

❸顧客向け見積内訳を計算する

業種の平均時間単価（**表3-1**）を参考にして、顧客に提出する見積もりに使う時間単価を決めます。時間単価を変えると見積価格も変わるので、「材料費、外注費、加工時間、希望利益率」で調整して見積価格が変わらないようにします（要はゲタをはかせます）。

第3章 工程管理を実践する

図 3-1 | 社内向け見積内訳と顧客向け見積内訳の関係

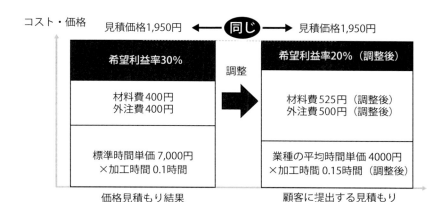

表 3-1 | 業種別の平均時間単価

(円／人時間)

業種	時間単価
食料品	3,288
木材・木製品	3,575
家具・装備品	4,051
印刷	4,039
プラスチック製品	4,153
ゴム製品	4,208
鉄鋼業	8,355
非鉄金属	6,261
金属製品	4,848
はん用機械器具	6,196
生産用機械器具	4,942
業務用機械器具	5,409
電子部品・デバイス・電子回路	5,169
電気機械器具	4,481
情報通信機械器具	3,467
輸送用機械器具	5,778
製造業合計	4,740

・中小企業実態基本調査／平成 29 年確報データを使用
・時間単価＝（労務費＋経費）÷（従業員数×直間比率× 1 人当たりの年間労働時間×稼働率）
・1 人当たりの年間労働時間＝ 2,000 時間、直間比率＝ 70％、稼動率＝ 70％　として計算

【1】製品の付加価値を上げる

限界利益を使って受注量を増やす

❶限界利益を使って製品毎の利益計算を行う

　受注生産工場では稼働率が毎月変わるので、「稼働率を使って計算する時間単価」で「製品毎の利益計算」を行おうとすると、毎月、最新の稼働率を使って製品利益を再計算する必要があります。

　そんな問題を解決するため、製品毎の利益計算は「**製品限界利益**」を使います。

　図3-2上の限界利益図では、製品限界利益（製品1個の限界利益×生産数）が大きい順に左から並べています。累積限界利益293万円（全製品の限界利益の合計）が固定費250万円を超えた分が、会社の利益43万円になります。

　限界利益図を使うと、経営者は「限界利益が固定費を超える！」を目指したシンプルでわかりやすい経営ができます。

- ●限界利益＝売価－変動費（材料費と外注費）
- ●会社の利益＝全製品の限界利益の合計－会社の固定費

❷赤字製品の生産をやめると会社は赤字に転落する

　右ページ下の表では、製品Bは加工費込みでは1個▲4万円の赤字、5個で▲20万円の赤字製品です。そこで製品Bの生産をやめると、経営状態はどうなるでしょうか。

　製品Bは5個で限界利益75万円を生み出しています。そのため、製品Bの生産をやめると会社の限界利益は75万円減ります。その結果、会社の利益も75万円減り、会社は43万円の黒字から▲32万円の赤字に転落します。

　つまり粗利が赤字の製品（加工費込みでは赤字の製品）の生産をやめると、その製品が稼いでいた限界利益分だけ会社の利益は減るので、たとえ粗利が赤字でも生産はやめるべきではないのです。

第3章 工程管理を実践する

図 3-2 │ 限界利益図を使った製品の限界利益と会社利益の関係

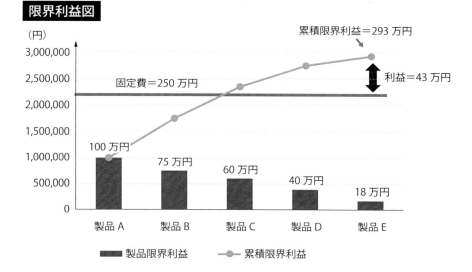

製品別の利益計算

(円)

	製品A	製品B	製品C	製品D	製品E
1個当たりの売価	200,000	300,000	200,000	400,000	200,000
1個当たりの材料費外注費	100,000	150,000	80,000	200,000	20,000
1個当たりの加工費	70,000	190,000	75,000	155,000	165,000
1個当たり限界利益	100,000	150,000	120,000	200,000	180,000
1個当たり利益	30,000	▲40,000	45,000	45,000	15,000
生産数	10	5	5	2	1
製品限界利益	1,000,000	750,000	600,000	400,000	180,000
製品利益	300,000	▲200,000	225,000	90,000	15,000
累積限界利益	1,000,000	1,750,000	2,350,000	2,750,000	2,930,000

製品Bは加工費込みでは▲20万円の赤字だが
限界利益は＋75万円の黒字なので、生産は続けるべき

【1】製品の付加価値を上げる

受注設計生産では
繰返し受注で儲ける

❶製造費用と設計費用を分けて集計する

受注設計生産の価格見積もりでは、製品原価は製造費用と設計費用に分け、時間単価も製造部門と設計部門に分けます。例えば製造部門と設計部門の時間単価を以下のように計算します。

- ●製造部門の時間単価
  ＝作業者の労務費・経費÷（全作業者の年間就業時間×工場の稼働率）
  ＝5000万円÷（12,500時間×80％）＝5,000円／人時間
- ●設計部門の時間単価
  ＝設計者の労務費・経費÷（全設計者の年間就業時間×設計の稼働率）
  ＝4000万円÷（10,000時間×50％）＝8,000円／人時間

❷繰り返し受注の見込で見積価格を変える

右ページ下の利益計算では、売価1000万円の製品Ａを受注すると、材料費、加工費、設計費の合計は1500万円なので、1回目の受注は▲500万円の赤字です。しかし、2回目以降の受注では設計作業が不要なので1回当たり300万円の黒字になり、3回目で累積利益が＋100万円になって元を取れます。

したがって、製品Ａに3回以上の受注の可能性があれば、売価1000万円でも受注すべきです。しかし、1回しか受注の見込がなければ、1回目で利益が黒字になるように売価1500万円で価格を見積もる（交渉する）べきです。

このように、受注設計生産を行っている工場では、その注文が1回限りなのか、数回続くかの予測が重要になります。

❸限界利益で受注を判断する

ただし、製品Ａは売価1000万円でも、1回目の受注から限界利益は＋500万円の黒字です。売価1500万円での価格交渉に失敗したときでも、売価1000万円で受注すべきです。なお、価格の歯止め（下限値）は限界利益がゼロになる500万円です。

図 3-3 受注設計生産での利益計算

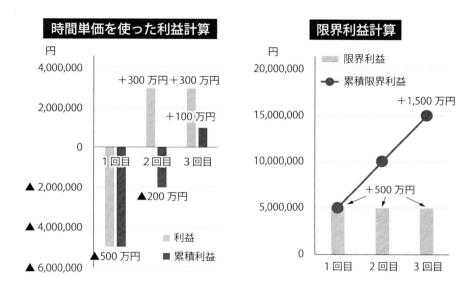

	1回目	2回目	3回目
売価	10,000,000	10,000,000	10,000,000
材料費	5,000,000	5,000,000	5,000,000
加工費	2,000,000	2,000,000	2,000,000
設計費	8,000,000	0	0
利益	▲5,000,000	3,000,000	3,000,000
累積利益	▲5,000,000	▲2,000,000	1,000,000
限界利益	5,000,000	5,000,000	5,000,000
累積限界利益	5,000,000	10,000,000	15,000,000

- 工場の時間単価は5,000円／人時間
- 加工時間は400時間
- 設計部門の時間単価は8,000円／人時間
- 設計時間は1,000時間

《2》改善で生産性を上げる

生産性を上げる方法

❶製造現場の生産性

「製品Aを作っている製造現場の生産性」は以下の式で計算でき、生産性は1,800円／人時間になります（会社の生産性とは計算式が違います）。

★製品Aを作っている製造現場の生産性
＝製品の生産速度×製造現場の稼働率×製品の良品率×製品の付加価値
＝10個／人時間×50%×90%×400円／個
＝1,800円／人時間

❷生産性を上げる方法

製造現場の生産性を上げる方法は、生産性を構成する「生産速度、稼働率、良品率、付加価値」で分類できます。

● 製品の生産速度を上げる

生産速度を上げるには「作業手順（方法）」を変える方法と、「作業の中にあるムダ」を削る方法の2種類があります。

● 稼働率を上げる

稼働率を上げるには、生産計画の工夫と多能工化で作業者の手待ち時間を減らす方法と、改善活動で段取時間や故障時間を減らす方法の2種類があります。

● 良品率を上げる

良品率を上げるには、マニュアルやポカヨケで「不良の発生」を防ぐ方法と、なぜなぜ分析で不良原因を調べて「不良の再発」を防ぐ方法の2種類があります。

● 製品の付加価値を上げる

製品の付加価値は「売価－材料費－外注費」なので、見積方法の見直しで「売価」を上げる、歩留りアップや不良在庫削減で「材料費」を減らす、内製化で「外注費」を減らす方法の3種類があります。

第3章 工程管理を実践する

図 3-4 製造現場の生産性を上げる方法

● 作業手順を変える
● 整理整頓でモノを探すムダを減らす
● 動作のムダを減らす
● 運搬のムダを減らす

● 生産計画を工夫して手持ち時間を減らす
● 多能工化で手待ち時間を減らす
● 外段取りで段取時間を短縮する
● 予防保全で設備の故障を減らす

製造現場の生産性 ＝ 生産速度 × 稼働率 × 良品率 × 製品の付加価値

● マニュアルで不良を防止する
● ポカヨケで不良を発生させない
● なぜなぜ分析で不良を再発させない

● 見積方法の見直しで売価を上げる
● 歩留りアップで材料費を減らす
● 不良在庫を減らして材料費を減らす
● 内製化で外注費を減らす

79

【2 改善で生産性を上げる

ボトルネック工程を改善する

　製品Ａはライン生産で「工程①10分→工程②10分→工程③20分」と３つの工程で作っています。このときの製品Ａが完成する速度は20分に１個で、これが「サイクルタイム」です。工場で研修をすると40分と答える人が多いですが、それは１個の製品がラインを通過するのにかかる「リードタイム」です。

　このラインでは工程③が製品Ａの生産速度を決めるので、工程③を「ボトルネック工程」（流れが詰まっている工程）と呼びます。製品Ａの生産速度を上げるには、４つの方法があります。各工程の状況から、効果がある方法を選びます。

❶対策１：ボトルネック工程（工程③）の速度を上げる
- 残業増加、２交代制（３直）で稼働時間を増やす
- 作業者の能力不足を外注で補強する
- 設備の能力不足を新規設備、設備追加で補強する
- 不良による作り直しが多い場合は、作業方法を見直す
- 製品切り替えの段取時間を短縮する
- 材料入荷待ちなどの待ち時間を短縮する
- 前工程でトラブルが多いときは、前工程との間に仕掛品在庫を置いて、トラブルの影響を受けないようにする

❷対策２：ボトルネック工程を分割する
　ボトルネック工程（工程③）を２つに分割してライン全体の速度を上げます。

❸対策３：ボトルネック工程を応援する
　他工程（工程②）の手空き時間に、作業者がボトルネック工程を応援します。

❹対策４：工程を統合する
　他の２つの工程を統合してもボトルネック工程より工程時間が短ければ、統合して１つの工程にします。

第3章 工程管理を実践する

図 3-5 ボトルネックを解消する4つの方法

■ …ボトルネック工程

現在の生産性
= 1個／（20分 ×3人）
= 1個／60人分

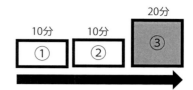

対策1：工程③の速度アップ
生産性 = 1個／（15分 ×3人）
= 1個／45人分

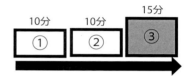

対策2：工程③を2工程に分割
生産性
= 1個／（10分 ×4人）
= 1個／40人分

対策3：工程②が工程③を手伝う
生産性
= 1個／（15分 ×3人）
= 1個／45人分

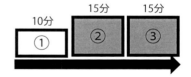

対策4：工程①と②を1人で行う
生産性
= 1個／（20分 ×2人）
= 1個／40人分

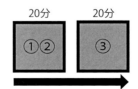

〈2〉改善で生産性を上げる

段取時間を短縮する

❶段取時間を短縮する方法

　個別受注生産で機械加工を行っている工場に行くと、「材料セットや加工プログラムの入力に30分、製品加工に5分」という話しをよく聞きます。こういった工場では、段取時間の短縮が重要で、その方法には以下の5つがあります。

● 整理整頓

　材料や道具の「整理整頓」でモノを探す時間を短くします。

● ムダ取り

　材料や道具を持ってくるときの「歩行のムダ」を減らすため、必要なものは近くに置きます。

● 道具の工夫

　道具や治具を工夫して「材料の着脱や位置決め」にかかる時間を短縮します。

● 作業の工夫

　段取作業の方法を工夫して、段取時間を短縮します。

● 並行作業化

　作業者を増やしてでも、いくつかの段取作業を同時に行い、段取時間全体を短縮します。

● 外段取化

　機械が加工しているときに「あらかじめ出来る準備」はやっておき（外段取と言います）、機械を止めて行う段取作業（内段取と言います）にかかる時間を短かくします。

❷段取時間短縮の手順

　上記の6つの方法を実行するには、あらかじめ現在の段取作業を動画に撮り、それを見ながら「**作業工程表**」を作ります。次に、その工程表の中から、上記の6つの方法が適用できる作業を見つけ、個々の効果を予測します（工程分析）。最後に効果を集計して段取作業全体がどのくらい短くなるかを予測します（**表3-2**）。

82

第3章 工程管理を実践する

表 3-2 | 工程分析で段取時間を短縮する

作業工程表

現状		整理整頓、ムダ取り 作業と道具の工夫		並行作業化 外段取り化	
材料を探す	5分	整理整頓で探す時間を短縮	1分	材料と道具探しはあらかじめやっておく	0分
材料を持ってくる	3分	材料は近くに置いておく	1分		
道具を探す	5分	整理整頓で探す時間を短縮	1分		
材料を機械にセットする	5分	ワンタッチでセットできる治具を作る	3分	材料のセット位置出しとプログラムは同時に行う（2人で）	6分
材料の位置出しをする	5分	ワンタッチで位置出しできる治具を作る	3分		
プログラムを入力する	5分	←	5分		
加工する	5分	加工する	5分	加工する	5分
できあがった製品を外す	1分	←	1分	←	1分
掃除する	1分	←	1分	←	1分
段取時間	30分	段取時間	16分	段取時間	8分

加工時間は含まない

段取時間は73%短縮

83

【2 改善で生産性を上げる

改善活動は2ステップで進める

　「社員の気づき」からはじめる「全員参加型の改善活動」が多くの工場で行われています。しかし、経営改革につながる「具体的な成果」が出ないため、1年くらいで熱が冷める工場が多いようです。

　しかし、もともと、全員参加型の改善活動は「社員の意識改革や人材育成」のために行うもので、「工場の生産性を10％上げる」といった具体的な成果を出すには不向きです。具体的な成果を出すには「目標設定型の改善活動」が有効です。この2種類の改善活動をうまく組み合わせるのが重要です。

❶全員参加型改善活動

　全員参加型改善活動では「気付きから始める小さな改善活動」を積み重ねます。具体的成果より以下を優先します。

- ●社員が問題意識（気付き）を持つ習慣を身につける
- ●社員が当事者意識（責任感）を持つ
- ●職場内のコミュニケーションがよくなる（風通しがよくなる）
- ●若手リーダー、幹部候補が育つ
　（育った社員が目標設定型改善活動のプロジェクト・メンバーになる）

❷目標設定型改善活動

　全員参加型改善活動で社員の意識が変わったら、具体的な成果を求める「目標設定型改善活動」を以下のステップではじめます。ただし全員参加型改善活動も継続し、リーダーになる人材を育て続けます。

1.　経営改革につながる課題を選ぶ
（不良率10％削減、稼働率10％アップ、生産性10％アップなど）
2.　課題にあわせてプロジェクトチームを編成する
（関係職場から5名程度、活動期間は3カ月～1年間）
3.　数値目標を決める
4.　目標に向かってPDCAサイクルを回しながら活動する
5.「全員参加型改善活動の全社大会」で結果を発表、成果を全社員と共有する

第3章 工程管理を実践する

図 3-6 | 改善活動は2ステップで進める

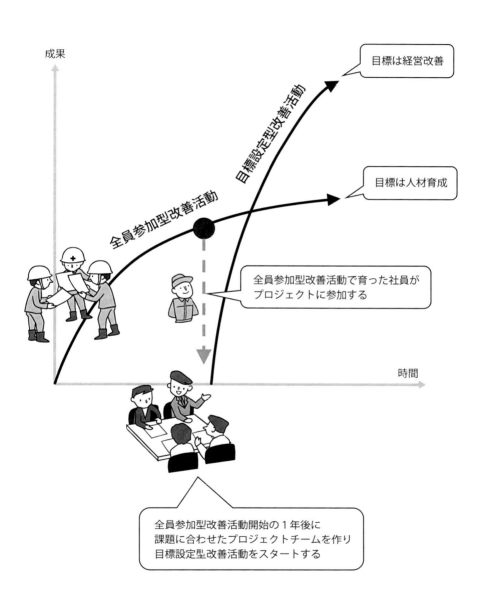

【3 外注費を減らす

内外作のコスト比較を正しく行う

❶間違った計算

　仕事を外注企業に出すときには、内作と外注（外作）の「コスト比較」を行います。ところが多くの企業ではコストの比較方法が間違っています。たとえば加工に1時間かかる金属部品のコスト比較を以下のように行って外注化を決定し、その結果、外注費が水膨れして経営を圧迫しています。

- ●内作コスト
  ＝材料費＋社内加工費
  ＝1,000円＋3,000円＝4,000円
- ●外注コスト
  ＝材料費＋外注加工費
  ＝1,000円＋2,000円＝3,000円

❷正しい計算

　上の計算での内作コストの社内加工費の中身は「社内で発生する労務費と経費」なので、社内加工費の全ては**固定費**です。つまり、外注に出そうが出すまいが社内加工費3,000円は発生します。

　したがって、コストを比較するときは、社内加工費は比較の外に出すべきです。正しい比較計算は以下で、内作の方がコストは2,000円安くなります。

- ●内作コスト＝材料費＝1000円
- ●外注コスト＝材料費＋外注加工費＝3,000円

❸限界利益で内外作を比較

　図3-7のように、製品売価を5,000円とすると、内作時の限界利益（売価－材料費－外注費）は＋4,000円、外注時の限界利益は＋2,000円です。つまり、内作の方が限界利益は2,000円多くなり、上の計算結果と一致します。

第3章 工程管理を実践する

図 3-7 内外作の利益比較

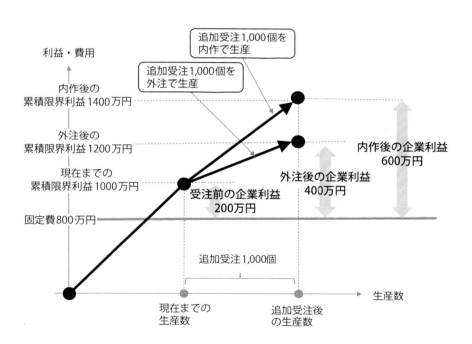

【3】外注費を減らす

外注企業を評価する

　生産能力、技術力、保有設備などの問題で社内での生産（内作）が無理なときは、外注企業に依頼せざるを得ません。そんなときには、**表3-3**のような「**外注企業のQCD評価シート**」を作ります。どの外注企業も同じ基準で評価し、客観的な企業比較をすることが大事です。

　ただし、評価シートに記入するときに、外注企業の社員に書いてもらうのでは意味がありません。外注企業に行き、自分の目で現場を見て、自分で評価シートに記入することが大事です。その結果、企業を見る目が養われます。できれば、点数が上がるように外注企業への指導も行うべきです。以下が評価上の主なポイントです。

❶品質

　不良が見つかったら外注企業は「不具合報告書」を書きますが、顧客への「言い訳報告書」ではなく本音ベースで書いているか、不具合報告書には「暫定策と恒久策」を書き、「なぜなぜ分析」の仕組みも組み込まれているか、をチェックします（3-12参照）。

❷コスト

　コストが安い外注企業の特徴は「工場の稼働率」が高いことです。稼働率が高いと生産数が多くなり、その工場で作った製品1個に乗る固定費（労務費・経費）が下がります。しかし、工場を1日見るだけでは年間の平均稼働率は分かりません。そんな時には以下の計算で大雑把な推定はできます。

　　●稼働率＝年間の売上高÷（月間の最大売上高×12）

❸納期

　外注企業からの入荷が遅れそうになってから工場を見に行っても「手遅れ」です。普段から外注企業を訪問し、「進捗管理板は作業者から見えるところにあるか？」をチェックします（3-7参照）。外注企業に飛込み注文を行う可能性がある場合は、「バッファ方式や座席予約方式で飛込み注文に対応する仕組みがあるか？」といったチェックも行います（3-4参照）。

第3章 工程管理を実践する

表 3-3 | 外注企業を評価する

外注企業のQCDチェックシート

No.	項目	調査内容	実施している	実施していない	3章の関係節
1	品質	不具合対策書を作っているか			12
2	品質	不具合対策は暫定策と恒久策に分けているか			12
3	品質	なぜなぜ分析で真の原因を探しているか			12
4	品質	次工程に不良を流さない仕組みはあるか			12
5	コスト	時間単価を使った原価計算を行っているか			1
6	コスト	限界利益を使って経営しているか			1
7	コスト	工場の稼働率は70％以上あるか[*1]			1
8	納期	中日程計画を作っているか			6
9	納期	小日程計画を作っているか			6
10	納期	差立て板を使っているか			6
11	納期	進捗管理板を使っているか			7
12	納期	作業指示書を使っているか			6
13	納期	飛込み注文に対応する仕組みがあるか			4
14	改善活動	全員参加の改善活動を行っているか			2
15	改善活動	プロジェクト型の改善活動を行っているか			2
16	人材育成	スキルマップで多能工化状況を把握しているか			14
17	人材育成	能力開発シートを使って多能工を育てているか			14
		合計			

- 15以上実施：QCD管理は満足できるレベル
- 8〜14：QCD管理は行われているが不十分
- 7以下：QCD管理が行われているとは言えない

【4】飛込み注文に対応する

フォワード方式で
飛込み注文に対応する

❶バックワード方式では外注費が増える

　個別受注生産では「飛込み注文」が頻繁にあります。しかし、飛込み注文が
あった時に工場が手一杯だったので、仕方なく外注企業に加工を依頼している
企業が多く見られます。そんな企業の多くは生産計画を納期から逆算する
「バックワード方式」で作っています。

　例えば、バックワード方式で製品A、B、Cの計画を「**図3-8上**」のように
作るとします。このときに「納期が4月25日、生産リードタイム5日間の製品
D」の飛込み注文が4月15日にきても、工場に余裕がないので製品Dは外注企
業に依頼するしかありません。これでは、せっかく注文がきても外注費が増え
るだけで、自社の利益はほとんど増えません。

❷フォワード方式に変更して外注費を減らす

　そんな企業は、受注した製品の生産計画を前詰めでつくる「フォワード方
式」に変更すると、今までは外注に出していた飛込み注文を「**内製化**」できま
す。

　例えば「**図3-8下**」のように、製品A、B、Cの生産計画を「生産できる日」
になったら（手が空いたら）すぐに生産するフォワード方式に変更します。そ
うすると4月15日から4月25日の間に2週間の「**余裕日**」ができます。製品D
の飛込み注文はこの余裕日を使って社内で生産できるので、外注費がかから
ず、自社の利益は大幅に増えます。

❸フォワード方式の欠点

　しかし、フォワード方式では納期のかなり前に生産が完了するので、「生産
が完了して出荷待ちの在庫品」が工場の中に溜まるという欠点があります。し
たがって、生産設備のように大型の製品を作っている工場では、次節の「バッ
ファ方式」をお勧めします。

90

図 3-8 フォワード方式で飛込み注文に対応する

バックワード方式

	生産 LT	納期	4/1〜4/5	4/8〜4/12	4/15〜4/19	4/21〜25
製品A	2日間	4/10		→★		
製品B	3日間	4/19			→★	
製品C	5日間	4/25				→★
製品D	5日間	4/25		━━━━━━━━→		★

製品A、B、Cをバックワード方式で生産すると、4月15日に「納期4月25日、生産リードタイム5日間」の製品Dの飛込み注文がきたときは、余裕がないので外注企業に出すしかない。

製品A、B、Cをフォワード方式に変更すると、4月15日から4月25日に2週間の余裕日ができる。製品Dの飛込み注文がきても、この余裕日を使って社内で生産できる。

フォワード方式

	生産 LT	納期	4/1〜4/5	4/8〜4/12	4/15〜4/19	4/21〜25
製品A	2日間	4/10	→	★		
製品B	3日間	4/19	→		★	
製品C	5日間	4/25		━━━→		★
製品D	5日間	4/25			━━━━━━━→	★

【**4**】飛込み注文に対応する

バッファ方式で
飛込み注文に対応する

❶バッファ方式とは

　フォワード方式には「飛込み注文には対応しやすいが、出荷待ちの在庫品が工場内に溜まる」という欠点がありました。その欠点を解消できるのが「バッファ方式」です。

　バッファ方式では、バックワード方式で計画を作るときに、予想される必要日数に対して「**一定の余裕日数**」を加えて生産開始日を決めます。フォワード方式より複雑ですが、出荷待ちの在庫品が少なくなります。これが受注生産型の企業でいちばん多く使われています。

❷余裕日を使って飛込みに対応する

　例えば、バッファ方式で製品A、B、Cに各々5日間の余裕日数を持たせて計画を作ります。そうすると「**図3-9上**」のように、4月21日にきた「納期4月25日、生産リードタイム5日間」の飛込み注文Dには、余裕日数内で対応できます。

❸余裕日を使って計画をずらして飛込みに対応する

　バッファ方式で「**図3-9下**」のように4月8日に「納期4月12日、生産リードタイム5日間」の飛込み注文Dがきたとします。その時は製品BとCの生産開始日を、余裕日数（バッファ）を使って、各々3日間後ろにずらすと、製品Dの飛込み注文に対応できます。

❹バッファ日数の決め方

　バッファ日数が多すぎるとフォワード方式に近くなり「出荷待ちの在庫品」が溜まります。しかし、少なすぎると「飛込み注文」を割り込ませることができなくなります。そのため、バッファ日数の適正化を行います。

　目安としては「よくある飛込み注文品の生産リードタイム」程度のバッファ日数をとります。

92

第3章 工程管理を実践する

図 3-9 │ バッファ方式で飛込み注文に対応する

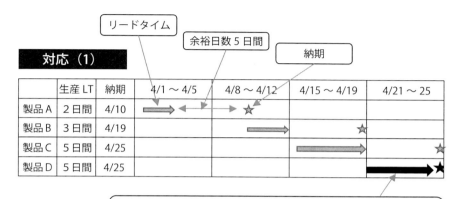

4月21日にきた「納期4月25日、生産リードタイム5日間」の製品Dの飛込み注文に対応できる

4月8日に「納期4月12日、生産リードタイム5日間」の製品Dの飛込み注文がきたときには、製品BとCの生産開始日を各々3日間後ろにずらして、飛込み注文に対応できる

【4】飛込み注文に対応する

座席予約方式で
飛込み注文に対応する

❶座席予約方式とは

　受注した製品の加工時間が2時間程度の機械加工工場では「納期が1～3日先の特急品」で計画を作り、生産前日に埋まらなかった時間帯を「納期が4日以上先の長納期品」で埋めていく「座席予約方式」が有効です。

❷座席予約方式の運用ルール

● 特急品は生産前日の午後4時まで受け付けて、翌日の生産計画にはめ込んでいきます。
● 午後4時までに特急品で埋まらなかった翌日の時価帯は、午後4時から5時の間に長納期品で埋めます。この計画が翌日の生産計画の最終決定版になります。

❸運用例

　ルールを実際に運用した例は以下のようになります（図3-10）。
● 4月1日午後3時

　明日の4月2日分は「特急品」で6時間が埋まり、それ以外の2時間は空いています。
● 4月1日午後5時

　午後4時までに「その他の特急品」の注文はこなかったので、4時に締め切って、5時までに「空いていた4月2日の2時間分」を「長納期品」で埋めます。

❹その他の運用方法

　その他の「座席予約方式」には、午前中は特急品専用の時間帯、午後は長納期品専用の時間帯と決めておき、前の日になっても特急品時間帯に空きがあったら長納期品で埋める方法があります。

　この方法には「長納期品にも最低限の時間帯を確保できる」という長所があります。長納期品が多い工場はこちらをお勧めします。

94

第3章 工程管理を実践する

図 3-10 座席予約方式で飛込み注文に対応する

4月1日午後3時現在

	4月1日	4月2日
08〜10		特急品A
10〜12		特急品B
13〜15		特急品C
15〜17		

特急品は生産前日（4月1日）の午後4時まで受け付ける

4月1日午後5時現在

	4月1日	4月2日
08〜10		特急品A
10〜12		特急品B
13〜15		特急品C
15〜17		長納期品D

前日（4月1日）の午後4時までに特急品で埋まらなかった時価帯は午後5時までに長納期品で埋める

5 納期遅れを減らす

バッファ在庫で納期を守る

❶内示情報でJIT生産に対応する

JIT生産（ジャストインタイム）している企業の多くは、自動車、家電、プリンタといった組立型の大手企業です。そういった企業では、自社内の在庫を少なくするために、部品メーカーに対しても「JIT生産（短納期小ロットでの納品）」を要求します。

しかし、部品メーカーが鋳造、熱処理などの大ロット生産型工場の場合は、小ロット生産は現実的に無理です。鋳造工場では自動車メーカーからの「内示情報」をもとに、1回に1～10トンの鉄を電気炉で溶かし、100～1,000個の部品を在庫生産します。その後、注文がくると在庫品から出荷します。

❷あてにならない内示情報の場合

自動車メーカーからの内示情報は、精度が高いので在庫生産もリスクは少なくてすみます。しかし、世の中には内示情報があてにならないとか、内示情報を出さないのに部品メーカーに「JIT生産」を要求する「とんでもない企業」があります。そんな企業へは、以下のように「できるだけリスクが少ない形」で在庫を持って自己防衛します。

- **材料在庫**：鋼材などの素材のかたちで在庫を持つと、不良在庫になるリスクは小さくてすみ、材料調達にかかる時間分のリードタイムを短縮できます。
- **部品在庫**：ギヤなどの汎用性がある部品で在庫を持つと、加工時間分のリードタイムを短縮できます。
- **半製品在庫**：ユニット（中間組立品）のかたちで在庫を持つと、在庫リスクは材料や部品より高くなりますが、組立時間分のリードタイムを短縮できます。設計上の工夫で、ユニットを複数の製品で使える「標準ユニット」にすると、在庫リスクを下げることができます。
- **製品在庫**：在庫リスクが極めて高いので、製品在庫を持つなら「内示情報」をもとに持ちます。できれば「内示情報で作った在庫品を顧客企業が引き取ってくれる保証（引き取り保証）」を取り付けます。

第3章 工程管理を実践する

図 3-11 | 在庫の持ち方と在庫リスク・リードタイムの関係

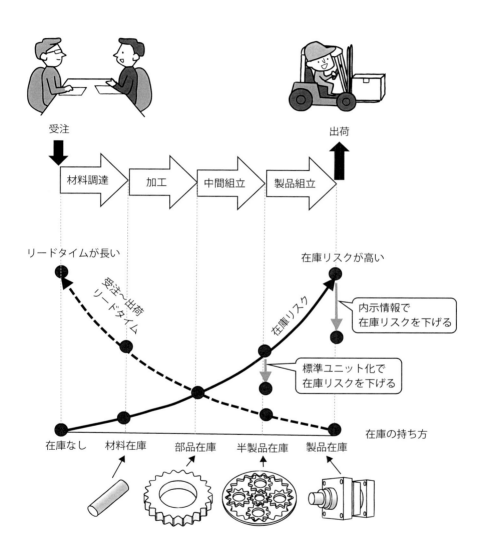

【5】納期遅れを減らす

山積み山崩しで納期を守る

❶山積みとは

　図3-12のように「個別受注生産」の工場で製品Ａ、Ｂ、Ｃの生産計画を立てたとします。製品Ａの加工には2日間かかるので「加工工程への負荷の山積み表」を作ると、4日の「加工作業」は2人分（1人なら2日分）必要なことがわかります。この状態を放置すると、最悪の場合は4日には製品Ｂへの加工が終わらず、雪崩的に翌日の製品Ｃの加工も遅れます。こういった作業の負荷（偏り）の分析を「山積み」と言います。

　山積みする負荷は、工場の生産内容に合わせて「作業者数、生産数、作業時間、機械の稼働時間」などを使います。

❷山崩しとは

　山積みで判明した「負荷が多い日」を解消して納期を守るには、以下の4つの方法があります。

● 生産計画を修正する

　右ページ下のように、生産計画を修正して、負荷の偏りをなくします。これを「山崩し」と言います。

● 応援で対応する

　生産計画は修正しないで、手が空いた作業者が忙しい工程を応援します。ただし、そのためには「その作業を応援できる多能工」が必要です。普段から多能工を計画的に育てます（3-14参照）。

● 外注に依頼する

　手が足りない分は外注企業に依頼します。しかし、社外にお金が流出するので、「山崩しや応援」ができるまでの緊急策と考えます。

● 残業で対応する

　生産計画は修正しないで、作業者の残業で対応します。実際の工場では一番よく見かけます。この方法が最も簡単（安易）ですが、最も副作用があります。長期間続くと作業者が疲弊して、「事故、不良品、病気、退職」につながります。これも「山崩しや応援」ができるまでの緊急策です。

第3章 工程管理を実践する

図3-12 山崩しで納期を守る

計画

	1	2	3	4	5	6	7	8	9	10
	月	火	水	木	金	土	日	月	火	水
製品A	受注		加工	加工	塗装			納期		
製品B		受注		加工	溶接	塗装			納期	
製品C			受注		加工	溶接		塗装		納期

加工工程の山積み

	1	2	3	4	5	6	7	8	9	10
	月	火	水	木	金	土	日	月	火	水
2人分				加工						
1人分			加工	加工	加工					

加工作業が2人分ある

山崩し

製品Aを前倒し生産

修正計画

	1	2	3	4	5	6	7	8	9	10
	月	火	水	木	金	土	日	月	火	水
製品A	受注	加工	加工	塗装				納期		
製品B		受注		加工	溶接	塗装			納期	
製品C			受注		加工	溶接		塗装		納期

加工工程の山積み

	1	2	3	4	5	6	7	8	9	10
	月	火	水	木	金	土	日	月	火	水
2人分										
1人分		加工	加工	加工	加工					

加工作業は1人で十分

99

【5】 納期遅れを減らす

できもしない納期回答を
行わない

❶受注設計生産で納期遅れが起きる原因

　受注設計生産では受注する製品のほとんどは新製品です。そのため、受注活動の段階で「設計にかかる時間（設計リードタイム）」を正確に読むのは困難です。しかし、多くの企業では、大事な顧客からの要求に対しては「無理そうな納期」でも受注して、それが納期遅れにつながっています。

　こんな「無理そうな納期回答」を避けるための効果的方法は「設計リードタイム見積シート」の作成です。

❷見積シートを作る

　例えば表3-4のような「設計リードタイム見積シート」を作ります。

　見積シートを作るときは、以下のパラメータを使って製品群ごとにリードタイムを設定します。

● 製品の部品数

　部品が多いほど設計日数がかかる

● 製品の新規度

　新規設計が多いほど設計日数がかかる

● 設計の難易度

　新技術開発が多いほど設計日数がかかる

● 設計の混み具合

　設計者が立て込んでいてすぐには手をつけられないときには、設計標準リードタイムに「設計者の手が空くまでの待ち時間」を加える

❸見積シートの精度を上げていく

　見積シートは、はじめはラフなものでかまいません。ないよりはましです。その後、半年に1回は「過去半年間の見積日数と実績日数の差」をチェックし、その結果で「見積シート」を修正し、次第に精度を上げていくプロセスをルーチン化します。この「仕組み」を作って運用するのが重要です。

第3章 工程管理を実践する

表 3-4 設計リードタイムの見積シート

製品区分	基準設計LT（日）	部品数	設計新規度	設計難易度	設計標準LT（日）
製品群A	100	200個未満	更新	易	100
				難	150
			新規	易	150
				難	200
		200個以上	更新	易	150
				難	200
			新規	易	200
				難	300
製品群B	200	400個未満	更新	易	200
				難	250
			新規	易	300
				難	400
		400個以上	更新	易	300
				難	400
			新規	易	400
				難	500

はじめに基準リードタイムを決める

設計や工場が混んでいるときは、設計標準リードタイムに空き待ち日数を加える。それをもとにお客との納期交渉をする。

5 納期遅れを減らす

納期が迫っていることを
見える化する

❶個別受注生産では3段階の生産開始日を決める

　個別受注生産で、納期が迫っていることが誰からも見えるようにするには、予想生産リードタイムに3倍の余裕を持たせて「3段階の生産開始日」を決めるバックワード方式で計画を作ります。

　3段階にすることで、工場の混み具合に合わせて生産開始日をフレキシブルに決める（ずらす）ことができます。

❷具体的な納期管理の手順

　図3-13のように、製品Aの納期が12月30日、見込まれる生産リードタイムは5日間とします。このときに生産リードタイムに3倍の余裕を持たせて計画を作ると、計画上の最初の生産開始日は「12月30日 − （5日間×3）＝12月15日」になり、以下のように運用します。

1. **12月15日（第1計画日）**
   「飛込み注文や他の製品の生産遅れ」がなければ、12月15日になったら製品Aの生産をはじめます。ただし、それ以前に生産をはじめると「工場内の仕掛品」が増えたり、急ぎの製品を流せなくなるので、たとえ工場が暇でも12月15日までは生産をはじめません。

2. **12月20日（第2計画日）**
   飛込み注文などへの対応で12月15日に生産をはじめなかったときは、12月20日になったら「他の製品の遅れへの緊急対応」などの特別な理由がない限りは、製品Aの生産をはじめます。

3. **12月25日（第3計画日）**
   生産開始日を伸ばし続けて12月25日になったら「これ以上遅らせると納期遅れは必至」なので、他の製品の生産を止めてでも製品Aの生産をはじめます。要はタイムリミットです。

第3章 工程管理を実践する

| 図 3-13 | 3段階の納期管理

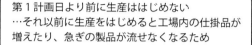

第1計画日
10日間の余裕がある。飛込み対応、他の製品の遅れなどがない限りはこの日に生産をはじめる

第2計画日
5日間の余裕がある。特別な理由がない限りはこの日には生産をはじめる

第3計画日
余裕はゼロなので、生産開始日がこの日以降になると納期遅れは必至。他の製品を止めても生

6 小日程計画を作る

小日程計画の作り方

❶個別受注生産では小日程計画と進捗管理が重要

　個別受注生産では短納期の飛込み注文が多く、はじめて作る製品も多いので、繰り返し受注生産や見込生産のようには作業時間を正確に読めません。そのため中日程計画は「生産開始日と納期」だけを書いた大雑把なものが多く、作業前日に作る「小日程計画」と作業開始後の「進捗管理」が重要になります。

❷小日程計画の作り方と運用例

　小日程計画の作成とその運用は以下のようになります。

1. **生産前日の16時までに管理者は以下をチェック**
   　このときに「生産準備のチェックボード」（右ページ中）を使うと情報の共有化ができます。
   - その日の生産実績（製造からの情報）
   - 翌日の作業者の出勤予定（製造からの情報）
   - 飛込み受注情報（営業からの情報）
   - 調達品（材料、部品と外注加工品）の入荷状況（購買からの情報）
   - 図面の出図状況（設計からの情報）

2. **生産前日の17時に「翌日の小日程計画」を作る**
   　小日程計画（右ページ下）は時間単位、製品単位（または作業者単位）で作り、決める内容は以下です。
   - 製品名と生産数
   - 製品の生産順序（どの製品から作り始めるか）
   - 各製品の生産工程（どんな工程で作るか）
   - 工程毎の所要時間（開始・終了時間）
   - 工程毎の使用設備
   - 工程毎の作業者名

3. **「小日程計画」を印刷して掲示板に貼ったり、作業者に配る**
   　簡単な小日程計画の場合は、計画を進捗管理板（3-7参照）に書き込みます。

第3章 工程管理を実践する

表 3-5 | 小日程計画の作成

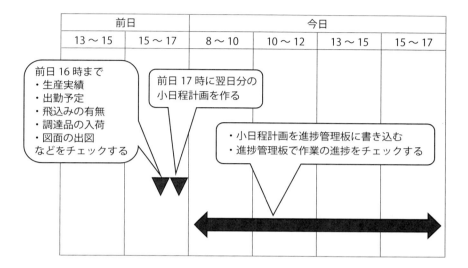

生産準備チェックボード（マグネット式）

製品	部品入荷	出図
A	●	●
B	●	●
C	●	
D	●	
E		

● ：準備完了

小日程計画

製品	生産数	時間			
		08-10	10-12	13-15	15-17
A	10	工程③			
B	20	工程②	工程③		
C	20	工程①	工程②	工程③	
D	25		工程①	工程②	工程③
E	5			工程①	工程②

105

【6 小日程計画を作る

作業指示書を作る

❶作業指示書とは

作業指示は「差立て」、「作業手配」、「ディスパッチ」とも呼ばれます。作業指示を行うときは「作業指示書、加工図面、現品票」をセットで使います。

❷作業指示書への記載事項（表3-6）

- 受注番号、顧客名
- 作業指示日、作業指示番号
- 製品名、製品番号、生産数量（重量）
- 出荷先、出荷予定日（納期）
- 工程No、工程名、作業者名
- 計画作業日、実績作業日（作業者が記入）
- 目標作業時間、実績作業時間（作業者が記入）
- 必要の都度追加する項目

QRコード（またはバーコード）、新規／繰返し品の区分、ロット番号、使用設備、使用工具、使用材料、検査個所、許容寸法、次工程名、注意事項

❸作業指示書と現品票の使い方

作業指示書と現品票の関係は製品の大きさや数量で変わります。

- 小物製品を1種類につき1個だけ作る

作業指示書を製品に取り付けます。現品票は不要です。

- 大物製品を1種類につき1個だけ作る

製品には現品票だけを取り付け、作業指示書は製品とは別に工程間を移動させます。

- 小物製品を1種類につき複数個作る

製品を入れた箱や鉄カゴに現品票を取り付けて工程間を移動させます。作業指示書は製品とは別に工程間を移動させます。

第 3 章 工程管理を実践する

表 3-6 作業指示書

作業指示書

受注番号	顧客名	指示日	指示番号
001	堀口電機	2020/1/1	100

QR コード（バーコード）を書いておき、作業開始と作業完了時にコードを読むと、作業時間実績の手書き作業は不要になる

製品名	製品番号	生産数量	出荷先	出荷予定日
部品A	X001	100	堀口電機	2020/1/5

工程No.	工程名	作業者名	作業日	作業日実績	作業時間（分）	作業実績（分）	備考
1	外形抜き	錦織	2020/1/2	2020/1/2	60	65	プレス機A
2	穴あけ	大阪	2020/1/2		30		
3	曲げ	松岡	2020/1/3		120		

QR コード（バーコード）を書いておき、工程通過時にコードを読むと、現品がいつどの工程を通過したかを記録できる

現品票

受注番号	顧客名	製品名	製品番号	生産数量	出荷先	出荷予定日
001	堀口電機	部品A	X001	100	堀口電機	2020/1/5

現品票は作業指示書と同じ紙に印刷し作業開始時に切りとって、製品に取り付けるのが便利

107

6 小日程計画を作る

差立て板を作る

❶差立て板の種類

差立て板は、作業者毎、職場毎に「その日の作業内容と作業の進み具合」が誰からも見えるようにするものです。差立て板には3種類があります。

● **作業者毎に1つのポケット**

作業者名の下にポケット（または箱）を作ります。始業時に管理者が全ての作業指示書（または図面）をポケットに入れます。作業者はポケットから作業指示書を1枚ずつ取り出して作業を行い、1日の終わりにまとめて管理者に返却します。

● **作業者毎の3つのポケット（図3-14上）**

作業者名の下に「未処理、作業中、作業完了」の3つのポケットを作ります。始業時に、管理者が全ての作業指示書を「未処理ポケット」に入れます。作業者は1枚の作業指示書を取出して「作業中ポケット」に入れてから作業をはじめます（作業順は作業者が決めます）。作業が終わったら、その作業指示書を「作業完了ポケット」に移します。「作業完了ポケット」は使わずに、次工程の「未処理ポケット」に直接入れる方法もあります。

● **作業者毎の5つのポケット（図3-14下）**

作業者名の下に「至急、今日中、明日まで、作業中、作業完了」の5つのポケットを作ります。管理者が作業指示書を「至急、今日中、明日まで」に分けて入れます。作業者は「至急→今日中→明日まで」の優先順位で作業指示書を1枚ずつ取り出して「作業中ポケット」に入れてから作業をはじめます。作業が終わったら「作業完了ポケット」に移すか、次工程の「未処理ポケット」に入れます。

❷その他の差立て板

設備ごとに作業内容が違う工場では、ポケットは設備毎に作ります。複数の作業者が同じ作業を行う工場では、ポケットは職場単位で作ります。短時間で終わる製品が多い工場では午前・午後に分けてポケットを作ります。

図 3-14 差立て板

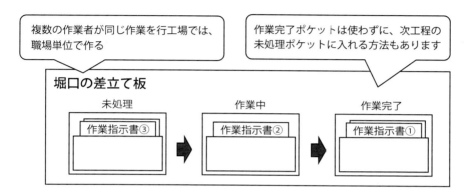

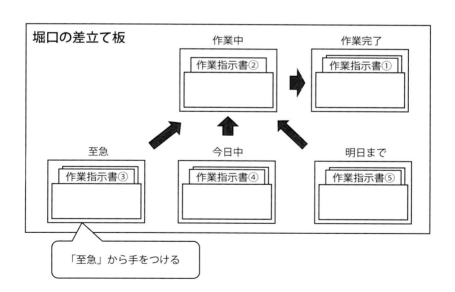

〈7〉 進捗管理板を作る

マグネット、付箋紙を使った進捗管理板を作る

　1日に生産する製品の種類が多い工場では、ポケットに複数の作業指示書を入れる「差立て板」では作業指示書が重なって、「各製品の進み具合」がひと目ではわからなくなります。そういった工場では、「マグネット（マグネットボタン）や付箋紙」を使った進捗管理板を使います。

❶1工程で作る製品の管理（マグネットを使用、表3-7上）
1. 掲示板（ホワイトボード）に製品の名前を書き、全てのマグネットを「未着手」に貼ります。
2. 作業者が加工する製品を選んだら、自分の名前を書いたマグネットシートを作業者名の欄に貼り、マグネットを「作業中」に移します。
3. 作業が完了したら自分の名前のマグネットシートを外し、マグネットを「作業完了」に移します。

❷1工程で作る製品の管理（付箋紙を使用、表3-7中）
1. 「製品名と納期」を書いた全ての付箋紙を「未着手」に貼ります。付箋紙の代わりに、伝票の一部を切り取った紙でもかまいません。
2. 作業者が加工する製品を選んだら、自分の名前を書いたマグネットシートを貼り、付箋紙を「作業中」に移します。
3. 作業が完了したら、自分の名前のマグネットシートを外し、付箋紙を「作業完了」に移します。

❸多工程で作る製品の管理（マグネットを使用、表3-7下）
1. 掲示板に製品の名前を書き、全てのマグネットを「未着手」に貼ります。掲示板の各工程欄に作業担当者の名前を書いたマグネットシートを貼ります。
2. 作業者が加工する製品を選んだら、マグネットを自工程の「作業中」に移します。
3. 作業が完了したらマグネットを自工程の「作業完了」に移します。

第3章 工程管理を実践する

表 3-7 | マグネット、付箋紙を使った進捗管理板

1 工程で作る製品（マグネット式）

マグネットボタン

製品名	納期	未着手	作業中	作業完了	作業者名
A	1月10日			●	
B	1月12日		●		堀口
C	1月13日	●			

マグネットシート

1 工程で作る製品（付箋紙式）

未着手	作業中	作業完了
	マグネットシート 堀口 B 1月12日	A 1月10日
C 1月13日		

付箋紙

多工程で作る製品（マグネット式）

マグネットシート

製品名	納期	未着手	設計（堀口）		機械加工（山田）		組立（鈴木）	
			作業中	作業完了	作業中	作業完了	作業中	作業完了
A	1月10日						●	
B	1月12日					●		
C	1月13日				●			

マグネットボタン

111

【7 進捗管理板を作る

生産数を書いた
進捗管理板を作る

　製品当たりの生産数が多い工場では、各製品の生産がどこまで進んでいるか
は、掲示板に「加工済みの数」を書いて、作業者から見えるようにします。

❶1工程で作る製品（表3-8上）

　1工程だけで生産できる簡単な製品は、掲示板に「時間帯ごとの生産数、累
積生産数、目標との差異」を書きます。

❷多工程で作る製品（表3-8中）

　多工程（複数の人数）で作る製品は、各工程を通過した数（完了した数）を
書いて、製品の進み具合を見えるようにします。

❸作業者毎の進捗管理（表3-8下）

　作業者が複数いて、全員が同じ製品を生産しているときは「作業者毎の生産
実績と職場全体の生産実績」を同時に集計する必要があります。

　しかし、市販の表示板（カウンタ）ではこの管理は難しいので、エクセルの
「マクロ機能」を使って「**自社専用のカウンタ**」を作り、製造現場にパソコン
を1台置いてカウンタ代わりにします（作業者毎にタブレットを持ってもかま
いません）。

　カウンタの使い方は以下のとおりです。

1.　最初に生産計画を入力します（表3-8下では45個）
2.　ある作業者が製品を1個生産したら、自分の名前のボタンをマウスでクリッ
　　クします。そうすると、個人実績の数字がひとつ増え、同時に職場全体の
　　実績もひとつ増え、計画との差はひとつ減ります。
3.　別の作業者が1個生産したら、自分の名前のボタンをマウスでクリックし
　　ます。
　　（以下、その繰り返し）

112

第3章 工程管理を実践する

表3-8 生産実績を書いた進捗管理板

1 工程で作る製品用の進捗管理板

時間帯	計画 生産数	計画 累積数	実績 生産数	実績 累積数	差異
8：00 ～ 10：00	20	20	18	18	-2
10：00 ～ 12：00	20	40	19	37	-3

多工程で作る製品用の進捗管理板

マグネットシート

					堀口	山田	鈴木	
製品名	納期	生産 予定数	未着手	機械加工	塗装	組立	完成
A	1月10日	30					30
B	1月12日	20			5	10	5
C	1月20日	50	5	10	30	5	

複数の作業者が同じ製品を生産している工場のカウンタ

【8】 セル生産を成功させる

部品の供給方法を工夫する

❶セル生産での部品供給

セル生産を行うときに最も難しいのは「各セルへの部品の供給方法」です。例えば、作業者10人がそれぞれ「1人屋台のセル生産」を行っているとします。各セルが1日に5種類の製品を組立て、製品1個当たり20種類の部品が必要なら、毎日1,000種類の部品を、各セルでの作業の進み具合に合わせて供給する必要があります。

❷部品供給方法

セル生産での部品の供給方法は2種類あります。

● 部品の供給担当者が運ぶ

運ぶ部品の種類が500種類程度のときは、各セルの進み具合に応じて部品供給担当者が部品をセルに供給します。部品供給担当者は、その動きが水上での昆虫の動きと似ているので「水すまし」と呼ばれます。

このときに「製品組立に使う部品」を必要数だけセットにして供給すると、部品が余ったときに「取り付け漏れ」を発見できます。

● 作業者自身が運ぶ

運ぶ部品の種類が1,000種類以上のときは、セルで作る製品を切り替えるときに、セルの組立作業者自身が部品置場（レイゾウコと呼びます）から部品を引き取ります。部品を引き取るときに「部品の名前と数量を書いたカード」を部品が入っていた箱のホルダーから壁のホルダーに移します。

壁のホルダー内の部品カードが一定数以上溜まったら、部品供給担当者が「部品倉庫（ストアと呼びます）」から部品を運んできて、部品置場に補充します。

補充が完了したら、壁のホルダー内の部品カードを、部品が入った箱のホルダーに戻します。つまり「部品カードを使ったカンバン方式」で部品をセルに供給するのです。

114

図 3-15　カンバンを使ったセル生産での部品供給方式

セル生産の現場

ステップ1：部品を引き取る
セルが製品を切り替えるときに、組立作業者が部品置場から部品を引き取る。このとき部品カードを部品箱のホルダから壁のホルダに移す。

組立作業者

部品カードというカンバンを使って、
後工程（セル）が部品を引き取る

部品置場
（レイゾウコ）

ステップ2：部品を補充する
壁の部品カードが一定数以上溜まったら、部品供給者が倉庫から部品を運んできて、部品置場に部品を補充し、部品カードは部品箱のホルダーに戻す。

部品供給者

部品倉庫
（ストア）

〈8〉 セル生産を成功させる

多能工化を進める

❶多能工の育て方

　セル生産では、作業者が毎日様々な製品を1人で組立てます。したがって作業者には、「部品数が50個くらいの製品」を10種類は組み立てる技能が必要です。このような作業者を、多くの技能を持っているという意味で「多能工」と言います。

　この多能工の育成には、最低でも半年はかかります。しかし、現在の国内工場では「派遣社員、パート、アルバイト」が増えたので、多能工の育成が困難になっています。こんな状況でも、効率的に多能工を育てるには、2つの方法があります。

❷ライン生産の中で育成する

　セル生産が中心の工場でも、「様々な製品に使われる共通ユニット」は、1回に組み立てる生産ロット（生産数）が大きいので、工場の一部でライン生産を行っています。また、工場で新製品の組み立てをはじめるときは、まだ誰もその製品の組立に慣れていないので、ライン生産からはじめます。

　このような工場の一部で動いている生産ラインの中で、作業者に様々な工程を経験してもらい、多能工に育てます。

❸分割方式のセル生産の中で育成する

　まだ多能工が少ない工場では、屋台の中に複数の作業者が入る「分割方式のセル生産」が中心になります。

　分割方式ではセル内に複数の作業者を配置するので、作業者間で仕事量を調整できます。仕事に慣れていない作業者には少ない工程を受け持たせ、慣れてきたら多くの工程を持たせます。作業者が多能工に育ったら「1人屋台のセル生産」をはじめてもらいます。

　多能工への「育ち具合」をチェックするにはスキルマップ（3-14参照）を使います。

図 3-16 セル生産ができる作業者を増やす方法

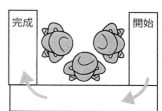

様々な工程の作業を覚えた作業者からセル生産を始める

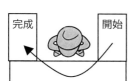

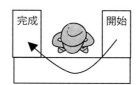

9 JIT生産を成功させる

平準化でカンバン枚数を減らす

❶生産数の変化とカンバン枚数の関係

　JIT生産（ジャストインタイム）で必要なカンバン（生産指示カンバン）の枚数は「前工程が製品1個を生産するのにかかる時間（生産リードタイム）内に、後工程が消費する製品数」を使って以下のように計算します。

　●カンバン枚数＝後工程の消費速度×前工程の生産リードタイム

　図3-17上は、後工程の消費速度が1個／時間、前工程の生産リードタイムが2時間／個のケースです。作業開始時は「工程間在庫」はA、Bの2個あります。1時間後に後工程で1個必要になり、在庫Aを後工程に供給します。その時に在庫Aのカンバンを外し、前工程に「作業指示カンバン」として置きます。2時間後には後工程でさらに1個必要になり、在庫Bを供給します。3時間後には前工程から製品が補充され、その製品を供給します。このケースではカンバンは2枚必要です。

　●カンバン枚数
　　＝後工程の消費速度×前工程の生産リードタイム
　　＝「1個／時間」×「2時間／個」＝2枚

　しかし、右ページ下のように、後工程の消費速度が上がって2個／時間になるとカンバンは4枚必要です。

　●カンバン枚数
　　＝後工程の消費速度×前工程の生産リードタイム
　　＝「2個／時間」×「2時間／個」＝4枚

❷平準化とカンバン枚数の関係

　「後工程での消費速度の平準化」ができずに、後工程の消費速度が1個／時間から2個／時間の間で変化すると、生産指示カンバンは最大消費速度の2個／時間に合わせて4枚必要になります。つまり、生産現場での「消費速度の平準化」は、JIT生産で工程間在庫を減らすときの必須条件になります。

第3章 工程管理を実践する

図 3-17 | 生産指示カンバンの動き

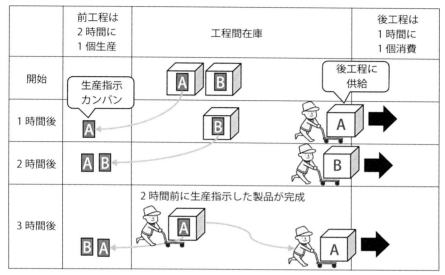

【9】JIT生産を成功させる

平準化を進める

　JIT生産で工程間在庫（カンバン枚数）を減らすには、生産速度（後工程の消費速度）の平準化が必要ですが、その方法は工場によって様々です。

❶閑散期は在庫生産
　閑散期は「長納期品、季節製品、自社製品」を在庫生産して穴を埋めます。

❷閑散期はOEM生産
　閑散期は、他社ブランド品の受託生産（OEM）で穴を埋めます。しかし、あまりOEMに依存すると「下請け化」して利益率が下がります。

❸標準ユニットを在庫生産
　多くの製品に使え「在庫生産」が可能な標準ユニットを受注し、閑散期はこの標準ユニットを在庫生産します。

❹繁忙期は外注企業を使う
　繁忙期は、一部の生産を外注企業に依頼します。しかし、むやみに外注化すると社外にお金が流出して、経営悪化につながります。

❺飛込み対応は翌日以降にする
　飛込み注文はその日には入れず、翌日以降に入れます。そうすると、飛込み注文を割り込ませるために生産計画を調整できるので、生産数の急増を抑えることができます。

❻内示情報で生産数をならす
　顧客企業から正式発注の1カ月以上前に「内示情報」を出してもらいます。その情報を使って、月々の生産数をならした生産計画を作ります。

❼生産指示をこまめに行う
　後工程から前工程への生産指示をまとめて行うと、前工程からは「後工程の生産数の変化」が大きいように見えます。それを避けるために、後工程からの生産指示をこまめに行います。

120

第3章 工程管理を実践する

図 3-18 | 平準化の進め方

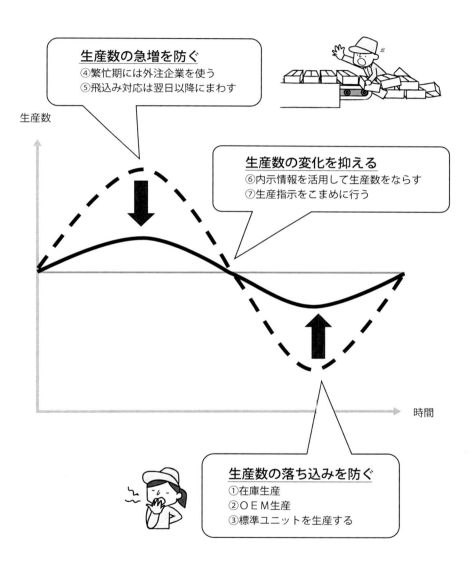

〈9〉 JIT生産を成功させる

流動数曲線で工程内在庫の変化を見える化する

❶流動数曲線の方法

　流動数曲線は、自工程への入荷数と後工程への出荷数をプロットしたグラフです。このグラフを使うと、自工程での生産速度と在庫数の変化がひと目でわかるようになります。以下がその作成手順です。

1. 横軸に時間（稼働日）、縦軸に数量のグラフを作り、前工程から自工程に来た「累積入荷数」をプロットして線（直線近似）を引きます
2. 自工程から後工程に出した「累積出荷数」の線を引きます
3. 2本の線の縦方向の差が「工程内在庫数」です
4. 2本の線の横方向の差が「自工程に留まっていた時間」つまり「自工程の生産リードタイム」です
5. 2本の線の傾きの差が「前工程と自工程の生産速度の差」です

❷流動数曲線を使った課題の発見と対策

　流動数曲線を使うと、以下のような問題を発見できます（図3-19）。

● 生産は順調

　累積入荷数の線と累積出荷数の線が並行なので、生産は順調に推移しています。

● 前工程でトラブルが発生

　累積入荷数の線が寝ています。前工程にトラブルが発生し、自工程への入荷が遅れています。前工程でのトラブル解消を急ぎます。

● 自工程でトラブルが発生

　累積出荷数の線が寝ています。自工程にトラブルが発生し、次の工程への出荷が遅れています。自工程内のトラブル解消を急ぎます。

● 前工程が進みすぎ

　累積入荷数の線が立っています。前工程が進みすぎて、自工程内の在庫が増えています。前工程の生産速度を調整します。

第3章 工程管理を実践する

図 3-19 流動数曲線で工程の課題を発見する

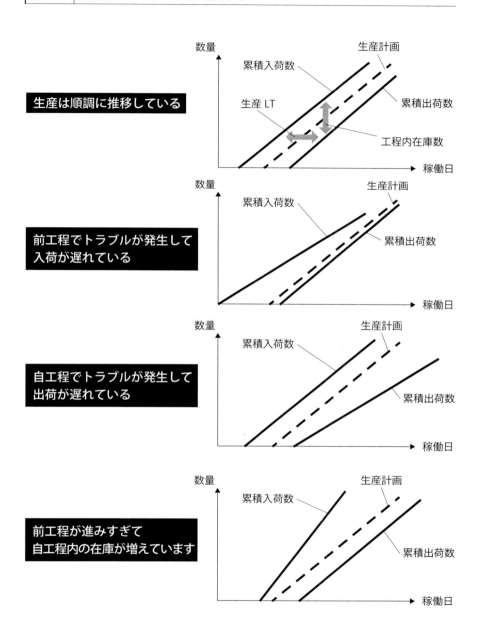

《10》設計遅れを減らす

二重線のガントチャートで
設計進捗を管理する

　ガントチャート（横棒グラフ）は設計計画（開発計画）の作成で最も使われています。計画だけでなく進捗状況（実績）もチェックするため、「予定」と「実績」を並べた「二重線のガントチャート」をエクセルで作っている企業が多いようです。以下はその作り方です。

❶タスクシートを作る

　初めに、必要な作業（タスク）、各作業に必要な日数、作業を始める前に終わっていなければならない作業（直前タスク）を「タスクシート」で明らかにします。

❷計画ガントチャート作る

　タスクシートをもとに、必要な作業を日程順に縦に並べます。それに要する日数を計画タイムバー（横棒）で表した「計画ガントチャート」を作ります。

❸クリティカルパスを明らかにする

　「この作業が遅れたら製品の完成が遅れる作業（全体が遅れる作業)」のつながりを「クリティカルパス」と言います。計画タイムバー間を太線で結んだり、クリティカルパスになる計画タイムバーの色を変えて、クリティカルパスを明らかにします。

❹実績を記入する

　今日（進捗管理日）の時点での各作業の実績を「計画とは違う色の実績タイムバー」で計画タイムバーの下に書き込みます。実績タイムバーのはじまりは「実際に作業に取り掛かった日」、実績タイムバーの終わりは「実際に作業が完了した日」にします。

❺遅れ作業を見える化する

　予定より遅れている作業があるときは、その作業の終了予定日まで実績タイムバーを「実績とは違う色」で伸ばします。

124

第3章 | 工程管理を実践する

表 3-9 | 二重線のガントチャート

❶タスクシートを作る

タスク	直前タスク	所要期間（週）
仕様決定	―	1
エレキ設計	仕様決定	2
ソフト設計	仕様決定	2
メカ設計	仕様決定	3
試作	メカ、エレキ、ソフト設計	1

❷❸計画ガントチャートを作成し、クリティカルパスを明らかにする

クリティカルパス

❹❺実績を記入する、遅れを見える化する

実際に作業が完了した日までバーを伸ばす
今日

実際に作業をはじめた日から
バーを引く

遅れている作業は終了予定日まで
バーを伸ばす

125

《10 設計遅れを減らす

イナズマ線で設計進捗を管理する

　「イナズマ線のガントチャート」を使うと、タスク全体の進み具合と遅れ具合がひと目でわかります。イナズマ線では二重線のガントチャートとは違い、計画ガントチャートのタイムバーを、そのまま進捗管理にも利用し、「進捗分（実績分）」だけタイムバーの色を変えます。市販の進捗管理ソフトのほとんどはイナズマ線のガントチャートを使っています。

　イナズマ線のガントチャートの進捗管理では、タイムバーを計画上の開始時から（左端から）進捗率分だけ塗りつぶします。そのため、「**開始日が遅れたタスクは、いつ着手したかわからない**」という欠点があります。それをカバーするためにはタイムバー上に「注釈」をつけます。以下はイナズマ線の作り方です。

❶タスクシートを作る
❷計画ガントチャート作る
❸クリティカルパスを明らかにする
　・・・ここまでは二重線のガントチャートと同じ（**表3-10**上）

❹進捗率で色付けする
　まだ計画日になっていないタスクバーは計画段階の色のままにします。始まっている作業は「今日までに終わっているパーセンテージ分」を色づけします。

❺完了したら色塗りする
　タスクバーの作業が全て完了したらタスクバー全体を「進捗率とは別の色」で塗りつぶします。

❻イナズマ線を記入する
　右ページのようなイナズマ線を描きます。現時点からイナズマ線が左側に伸びているタスクは「予定より遅れているタスク」です。右側に突き出しているタスクは「予定より進んでいるタスク」です。どちらにも伸びていないタスクは「予定どおりに終わったタスクか、まだ開始時期になっていないタスク」です。

第3章 工程管理を実践する

表3-10 イナズマ線のガントチャート

❷❸計画ガントチャートを作成し、クリティカルパスを明らかにする

❹❺❻進捗率で色付けし、イナズマ線を記入する

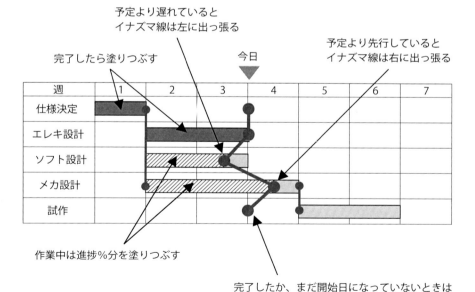

10 設計遅れを減らす

PERT図で設計進捗を管理する

❶PERT図でクリティカルパスを見つける

前節では「クリティカルパス」は簡単にわかるような説明をしました。しかし、作業（タスク）が10個を超えると簡単には分からなくなるので「PERT図（パート図）」を使ってクリティカルパスを見つけます。

ただし、PERT図には「計画と実績の比較が直感的にできない」という欠点があります。そのため、多くの企業では、PERT図でクリティカルパスを見つけ、それを「ガントチャート」に反映させ、計画と実績の比較はガントチャート上で行っています。

❷PERT図には2種類ある

PERT図の考え方を理解するには「アロー型PERT図」が適しています。しかし、作業遅れなどがあって、パソコン上でPERT図を作り直すには「フロー型PERT図」の方が適しています。

PERT図をパソコン上で作ることが多くなった現在は「フロー型PERT図」が一般的になりました。市販のPERT図作成ソフトの多くも「フロー型PERT図」を使っています。

❸アロー型PERT図（図3-20中段）

矢印自体が作業内容と作業順序を表しています。矢印上に「作業名と必要日数」を書きます。並行して作業が行われる場合は「ダミーの矢印」を引く必要があります。

❹フロー型PERT図（図3-20下段）

「作業名と必要日数」を箱型記号の中に書きます。矢印は作業順序を表しているだけです。細かい管理を行う場合は「最遅完了日（プロジェクトを予定日まで完成させるため、そのタスクを遅くとも完了しなければならない日）」なども書き込みます。

128

図 3-20 PERT 図

タスクシート

タスク	直前タスク	所要期間（週）
仕様決定	―	1
エレキ設計	仕様決定	2
ソフト設計	仕様決定	2
メカ設計	仕様決定	3
試作	メカ、エレキ、ソフト設計	1

アロー型 PERT 図

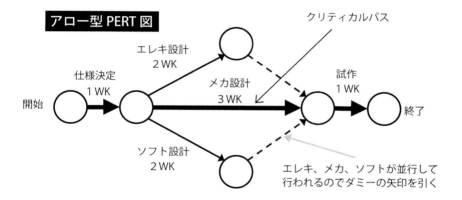

エレキ、メカ、ソフトが並行して行われるのでダミーの矢印を引く

フロー型 PERT 図

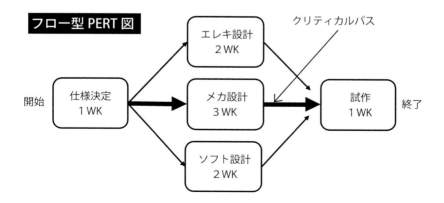

10 設計遅れを減らす

デザインレビューを行う

　受注設計生産では、受注から出荷までに各部門が費やす時間は「設計6、調達2、製造2」といった割合が多いようです。したがって、受注設計生産での進捗管理では「設計作業（開発）の進捗管理」が重要になります。

❶スケジュール管理は設計部門が行う

　個別受注生産では進捗管理は工場長や生産管理部門が行っています。しかし、受注設計生産では、キーになる設計部門が「設計から調達、製造、出荷」までの進捗管理を「**一気通貫**（はじめからおわりまで）」で行います。

❷デザインレビューを開催する

　設計の進捗管理では「書いた図面の枚数」を数えても意味がありません。開発期間中の決められた**マイルストーン**（工程の区切り）の日に、そこまでの開発内容をQCD（製品の性能、製品のコスト、開発の進捗状況）の面からチェックするのが有効です。

　実際には「経営、営業、製造、設計、品質管理、購買」といった全関係部門が集まった場で「そこまでの工程の責任者」が開発状況を説明します。これを「デザインレビュー」と言います。その場で問題が見つかれば、関係者全員で「人員増強、設計見直し」といった対策を検討します。

　デザインレビューが「発表者を責める場」や「関係部門へのガス抜きの場」になっている企業が多いので、本来の目的を忘れないことが重要です。デザインレビューは以下のタイミングで行います。

1. 仕様決定段階（顧客からの要求仕様を営業と設計者が発表）
2. 構想設計完了段階（構想図を設計者が発表）
3. 具体設計完了段階（設計図面（CADデータ）を設計者が発表）
4. 試作評価完了段階（試作品の評価結果を品質管理部門と設計者が発表）
5. 生産準備完了段階（部品入荷状況、生産準備状況を購買と製造部門が発表）

第3章 工程管理を実践する

図 3-21 デザインレビューの進め方

開発計画ガントチャート上のマイルストーン

週	1	2	3	4	5	6	7
仕様決定	仕様決定 DR ▼						
構想設計		構想設計 DR ▼					
具体設計					具体設計 DR ▼		
試作評価						試作評価 DR ▼	
量産準備							量産準備 DR ▼

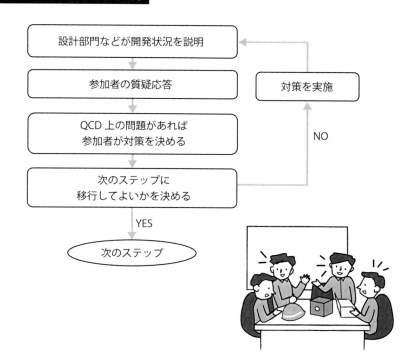

デザインレビューの進め方

11 設計の標準化を進める

標準ユニットを開発する

❶標準図面を使った標準化

　多くの企業では、すでに設計した図面の中から「似たような図面」を集め、その中からできがよいものを「標準図面」にして、設計の標準化を進めています。しかし、この方法では、新製品を開発する設計者がその標準図面を使わなければならない「縛り（拘束力）」が弱く、誰も標準図面を使わずに失敗するケースが多いようです。

❷標準ユニットを使った標準化

　設計の標準化に成功した企業のほとんどは、新たに「標準ユニット」を設計し、その後に「標準ユニットを使った新製品」を設計しています。その結果、短期間で様々な製品を開発できます。この手法は「プラットフォーム設計、モジュール設計」と呼ばれます。

● 自動車メーカー

　プラットフォームの開発部隊が「**車種間で共通に使うプラットフォーム**」を3年程度で開発します。プラットフォームとは「フレーム、サスペンション、ステアリング、パワートレイン」など車の基礎部分のかたまりです。その後、新車の開発部隊が「そのプラットフォームを使った新車」を1年程度で開発します。

　同じプラットフォームを使った車種は構造が似て「組立時間の差」が少ないので「混流生産」が可能です。また、多くの車種で使うプラットフォームは生産数が多いので量産効果によるコストダウンも可能です。

● プリンタメーカー

　印刷ユニットの開発部隊が「**製品間で共通に使える印刷ユニット**」を2年程度で開発します。その後、新型プリンタの開発部隊が「エンジン以外の操作部やカバー」などを1年程度で開発します（**図3-22**）。

　工場では、生産数が多い印刷ユニットは「ライン生産」で作り、製品の種類毎に様々な部品を印刷ユニットに取り付ける作業は「セル生産」で行っています。

第3章 工程管理を実践する

図 3-22 | 標準ユニットを使ったプリンタ開発

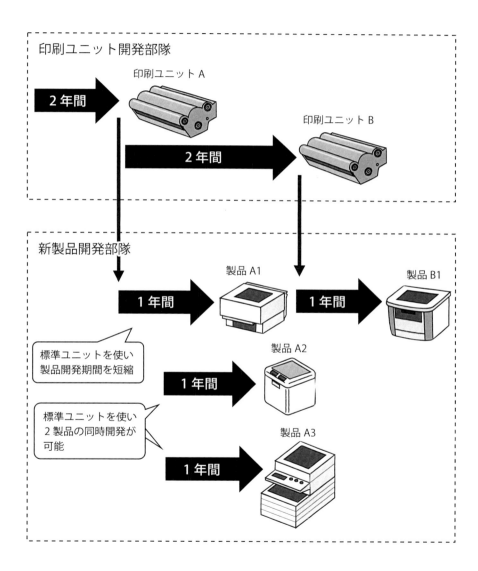

❰11❱ 設計の標準化を進める

標準化の効果は設計期間短縮だけでない

設計の標準化には「設計期間の短縮」などの様々な効果があります。

❶設計期間の短縮

標準ユニットをあらかじめ開発しておくと、製品開発期間の短縮、複数の製品の同時開発、少人数での製品開発が可能になります。

❷標準ユニットの在庫生産でリードタイムを短縮

標準ユニットをあらかじめ生産しておくと（在庫生産）、製品の受注から出荷までのリードタイムを大幅に短縮できます。

❸混流生産でリードタイムを短縮

標準ユニットを使うと各製品の構造が似てくるので、組立時間の差が少なくなり、混流生産がやりやすくなります。

❹設計ミスの削減

時間をかけて開発したので「完成度が高い標準ユニット」を使いまわすと、新製品開発時の「設計ミスによる不良発生リスク」が減ります。

❺製品の競争力と付加価値がアップ

時間をかけて開発した標準ユニットが「高い性能と低コスト」を実現すると、それを使った製品全ての競争力と付加価値が上がります。

❻部品の共通化で部品コストを削減

標準ユニットを使うと製品間で「部品の共通化」が進みます。その結果、部品1種類当たりの部品メーカーへの発注数が増え、部品メーカーの生産ロット数も増えるので、部品のコストダウン（値下げ要求）が可能になります。

❼余った設計パワーを新しいユニットの開発に振り向ける

これが最大の効果です。標準ユニットを使っていない企業では、設計者は受注の都度イチから製品を設計します。その結果、製品設計だけで手一杯になり、標準ユニットの開発に着手できないという「悪循環」に陥ります。

しかし、一度標準ユニットを開発すると、製品設計の時間が短くなり、余った設計パワーを「次世代の"より優れた標準ユニット"の開発にまわせる」という「好循環」がまわりはじめます。

134

第3章 工程管理を実践する

図 3-23 標準化の様々な効果

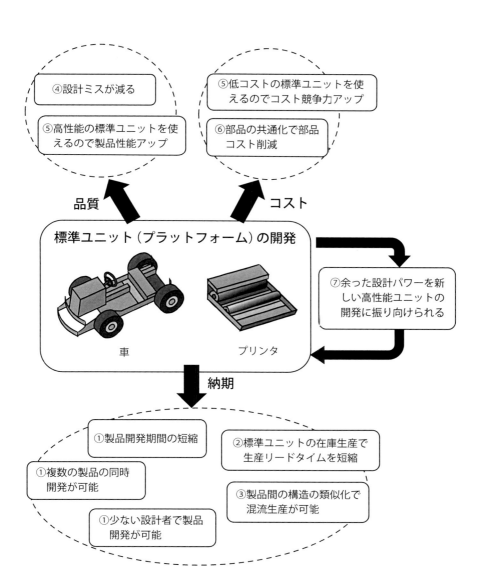

11 設計の標準化を進める

標準ユニットの製品ライフサイクルを管理する

❶標準ユニットの使用期間を決める

標準ユニットの開発では「そのユニットの寿命期間（使用期間）」を決めるのが重要です。つまり「いつから新製品に使い始め、次世代のユニットに道を譲る時期はいつか」を明らかにしてから開発します。

これを **PLM**（Product Life cycle Management、製品ライフサイクル管理）と言います。PLMでは以下のステップで「標準ユニットの生涯での採算性」をチェックします。

1. 標準ユニットの「目標性能、目標コスト、開発期間」を決めます
2. 標準ユニットへの「開発投資金額」を見積もります
3. 標準ユニットを使う新製品への開発投資金額と、新製品が稼ぐ限界利益を見積もります
4. 標準ユニットと製品への総投資額を、ユニットを使った製品が稼ぐ限界利益で回収するのにかかる期間、つまり投資回収期間を計算します
5. 投資回収期間が「標準ユニットの寿命期間内」であれば、採算がとれるのでそのユニットは開発すべきです

❷競合製品を調査する

標準ユニットの開発計画を作るときは、市場調査や技術動向調査などを行います。しかし、それより重要なのは、競合製品の分解調査で「**ティアダウン、リバースエンジニアリング**」と呼ばれます。

競合製品の分解調査を調査会社に依頼している企業をときどき見ますが、そんな「人任せの分析」は役に立ちません。競合企業の製品を手に入れたら、自社の「設計、製造、購買、営業」でプロジェクトチームを作ります。チームで性能試験を行い、製品を分解しながら「製品コスト、製品の構造、使っている部品メーカー、製造方法、採用している新技術、標準化の度合い」などを調査します。ティアダウンの結果は、新製品開発時のデザインレビューで必ず発表します。

136

図 3-24 標準ユニットを開発するときのPLM（製品ライフサイクル管理）

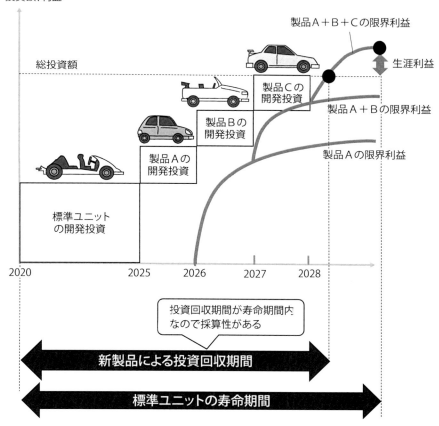

12 不良を減らす

検査は生産性を下げる

❶不良品を作ると生産性は急降下する

5人編成の生産ラインで付加価値が25,000円の製品Aを1時間に1個生産するときの生産性は5,000円／人時間です。

- ●製品Aの生産性
  ＝（売価－材料費）÷加工時間
  ＝（30,000円－5,000円）÷5人時間＝5,000円／人時間

しかし、ある時期に不良率が20％になり不良品を全て廃棄すると、良品を1個作るには1.2個分の材料費と加工時間がかかります。そのため、生産性は4,000円／人時間に低下します。

- ●製品Aの生産性
  ＝（30,000円－（5,000円×1.2））÷（5人時間×1.2）＝4,000円／人時間

❷検査では生産性が上がらない

ここで5人編成のラインに検査員1人を追加して、全ての不良品を検査ではじくと生産性は上がるでしょうか？　作業者が1人増えて、不良率は下がらないので生産性は3,333円／人時間まで下がります。

- ●製品Aの生産性
  ＝（30,000円－（5,000円×1.2））÷（6人時間×1.2）＝3,333円／人時間

工場に行くと「検査だけを行っている作業者」が加わっているラインをよく見かけます。理由を聞くと、顧客に不良品が見つかったときに「検査を強化します！」と言い訳をしたので、その後何カ月間も検査員を追加して生産を続けているそうです。その工場では作業者が増えた分だけ、何カ月間も低い生産性で製造していることになります。

検査では生産性は上がらずに、逆に下がります。検査で見つけた不良品を調べて「不良品を作らない対策」を実施して、はじめて生産性はもとに戻ります。

138

第3章 工程管理を実践する

図 3-25 | 不良による損失額計算

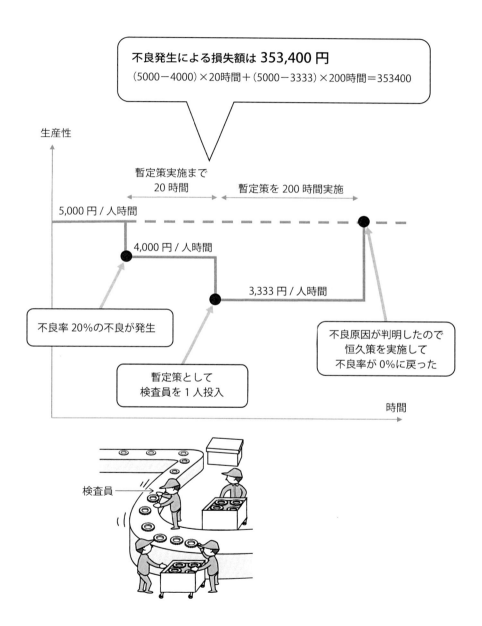

12 不良を減らす

次工程に不良品を流さない

❶次工程はお客様

よく聞く言葉に「次工程はお客様」があります。しかし、これは次工程に迷惑をかけないという「オモテナシの精神」のことではありません。後ろの工程で不良品が見つかると、前工程で使った材料費と労務費が全てオシャカになるので、後ろの工程に不良を流さないほうが「**会社が儲かる！**」という意味です。

❷不良損失込みの製品コストを考える

例えば、右ページの3つの工程で製品を組立てている生産ラインで、最後の工程だけで検査するのと、全行程（3工程）で検査をするのでは、どちらが「不良損失込みの製品コスト」は安くなるでしょうか？

各工程では「材料費1,000円、人件費5,000円」がかかり、各工程の不良率は10％、1回の検査時間は0.05時間とします。

このときの「不良損失込みの製品コスト」は、最終工程だけで検査をすると23,725円、全行程で検査をすると22,500円になり、全行程で検査したほうが安上がりになります。これが「次工程はお客様」の真相です。

❸検査は短時間で終わらせないと意味がない

ただし、「全行程で検査したほうが安上がり」という計算結果は、以下のように条件が変わると、計算結果が逆転して「最終工程だけで検査したほうが安上がり」になります。

● 各工程の検査時間が長いと最終工程だけで検査する方が有利
● 各工程の不良率が低いと最終工程だけで検査する方が有利

つまり「次工程はお客様」は時と場合によるということです。全行程で検査を行うべきかどうかの判断は、自社工場の工程分析をしっかり行って「不良損失込みの製品コスト」を計算した結果で判断します。

140

第3章 工程管理を実践する

表 3-11 | 次工程に不良品を流さない効果

最終工程だけで検査

材料費＋作業人件費＋検査人件費

工程 NO	投入 材料費 （円）	作業時間 （時間）	作業 人件費 （円）	検査時間 （時間）	検査 人件費 （円）	工程費用 （円）	不良率 （%）	不良損失 （円）
1	1,000	1	5,000	0	0	5,000	0%	0
2	1,000	1	5,000	0	0	6,000	0%	0
3	1,000	1	5,000	0.05	250	6,250	30%	5,475
					合計	18,250		5,475

0.05 時間 × 時間単価 5000 円 / 人時間＝250 円

コスト合計＝23,725 円

（No1+No2+No3 の工程費用18,250円）×30%

全行程で検査（次工程に不良は流さない）

工程 NO	投入 材料費 （円）	作業時間 （時間）	作業 人件費 （円）	検査時間 （時間）	検査 人件費 （円）	工程費用 （円）	不良率 （%）	不良損失 （円）
1	1,000	1	5,000	0.05	250	6,250	10%	625
2	1,000	1	5,000	0.05	250	6,250	10%	1,250
3	1,000	1	5,000	0.05	250	6,250	10%	1875
					合計	18,750		3,750

No1 工程費用 6,250 円 ×5%=625 円

No1+No2 工程費用 12,500 円 ×5%=1,250 円

No1+No2+No3 工程費用 18,750円×5%=1,875 円

コスト合計＝22,500 円

141

〈12〉不良を減らす

なぜなぜ分析で不良の再発を防止する

　不良が発生した時に、不良発生の「根本原因」を見つけるために「なぜ？」を繰り返すのが「なぜなぜ分析」で、不良発生による生産性低下への特効薬です。

❶なぜなぜ分析の手順

　「なぜなぜ分析」では、**表3-12**のように不具合の原因を「なぜなぜ！」を繰り返しながら「1次原因→2次原因→3次原因」と掘り下げていきます。

　原因を掘り下げることで「**真の原因**」が見つかり、「真の原因への対策（恒久策）」を実施することが再発防止につながります。

　ただし、「なぜなぜ！」を念仏のように繰り返しても、再発防止策にはつながりません。「なぜなぜ分析」を行うときは、以下の点に注意してください。

●原因を個人の問題にはしない

　表3-12の不具合対策書では「購買のC君の責任で、はいおわり！」にはしないで、さらに原因を掘り下げています。

●対策は「仕組み（ルール）の変更」に落しこむ

　不具合対策書では「ルール変更」を恒久策にしているので、継続的な再発防止につながります。

❷不具合対策書に「なぜなぜ分析」を組み込む

　「なぜなぜ分析」はとても有効ですが、手間がかかるので作業者に嫌われ、多くの企業ではなかなか定着していません。

　「なぜなぜ分析」の定着で成功している工場は、不具合対策書に「**なぜなぜ分析のルーチン**」を組み込んでいます。右ページのように「1次原因、2次原因、3次原因、恒久策、恒久策への切り替え日」の記入欄をつくり、不具合対策書を作るときは、全ての欄を必ず埋めることをルール化します。

　また、お客に提出する対策書には書けないような「恥ずかしい原因」が多いときは、お客への提出用と社内用の2種類の不具合対策書を作ります。

第3章 工程管理を実践する

表 3-12 「なぜなぜ分析」が組み込まれた不具合対策書（不良対策書）

恒久処置への切り替え日を明らかにする

不具合対策書

報告日	2020 年 1 月 10 日
報告者所属、氏名	製造部堀口敬
発生日	2020 年 1 月 8 日
暫定策実施日	2020 年 1 月 8 日
恒久策への切り替え日	2020 年 1 月 10 日
発生工程（職場）	製造部
不具合内容	部品 B が不足したので製品 A の組立ができずに出荷が遅れた
暫定策	部品 B の在庫品が必要数の半分あったので、とりあえず製品 A は半分だけ出荷した。残りの半分はお客に待ってもらうことになった。
不具合の 1 次原因	部品 B の入荷が遅れた。
不具合の 2 次原因	部品 B の入荷には 2 カ月かかるが、購買担当の C 君が先行手配していなかったので入荷が遅れた。
不具合の 3 次原因（真の原因）	部品毎の先行手配の判断は、担当者任せになっていた。
恒久策（3 次原因への対策）	製品に使う部品の手配をするときは、担当者が「先行手配が必要な部品のリスト」を作り、それを課長がチェックするようにルールを変える

なぜを 3 回繰り返して真の原因を見つけ、真の原因への対策を「恒久策」にする

143

13 製品の種類を絞る

増え続ける製品を絞り込む

❶生産性を基準にして製品を絞り込む

　生産能力（稼働時間）が年間100時間、年間固定費が50万円の工場が、右ページ上の製品Ａと製品Ｂのどちら一方だけを生産するとします。製品1個当たりの「製品利益」と「製品利益率」と「製品限界利益」では製品Ａが有利です。しかし「製品の生産性」では製品Ｂが有利です。

　では、どちらを生産するべきでしょうか。製品Ａだけ生産すると年間の工場利益は30万円、製品Ｂだけでは50万円。この結果から、製品を絞り込むには「生産性」を基準にすることがわかります。

- ●製品生産性＝製品限界利益÷製品加工時間
- ●年間利益＝（製品生産性×年間生産可能時間）－年間固定費

❷生産性が高い製品を選ぶ

　右ページ下のグラフからわかるように、製品Ａは生産性8,000円／時間、製品Ａだけを100時間作るとトータル限界利益は80万円です。それに対して製品Ｂは生産性10,000円／時間、製品Ｂだけを100時間作るとトータル限界利益は100万円です。工場の固定費はどちらの製品を作っても50万円。したがって製品Ｂを生産した方が工場の年間の利益は大きくなります。

❸制限条件のチェックが必要

　ただし「製品Ａと製品Ｂのどちらかを1個だけ生産できる」という状況では、製品1個当たりの限界利益が大きい製品Ａを生産したほうが工場の年間利益は大きくなります。生産する製品の優先順位を決めるときは、制限条件は生産時間なのか生産数なのかを確認してください。

- ●生産時間一定では、生産性が高い製品を優先的に生産
- ●生産数一定では、1個当たりの限界利益が高い製品を優先的に生産

図 3-26 | 製品の生産性を使った製品の絞り込み

利益、利益率、限界利益では製品 A が有利
生産性では製品 B が有利

生産性が高い製品 B を選んだ方が工場の年間利益が大きくなる

（千円）

	製品売価	材料費	加工時間	加工費	製品原価	製品利益	製品利益率	製品限界利益	製品生産性	年間生産可能数	年間限界利益	年間固定費	年間利益
製品 A	500	100	50	250	350	150	30%	400	8	2	800	500	300
製品 B	500	300	20	100	400	100	20%	200	10	5	1000	500	500

- 時間単価＝固定費 ÷ 生産能力＝50 万円 ÷ 100 時間＝5,000 円／人時間
- 製品加工費＝製品加工時間 × 時間単価

生産性と利益の関係

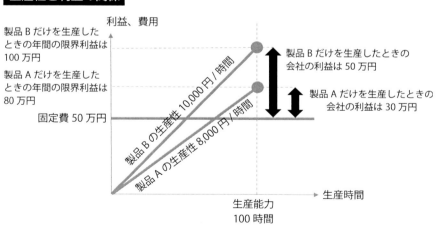

〖13〗製品の種類を絞る

バリューマップで経営判断をする

❶バリューマップで製品を絞り込む

　前節では2種類の製品から1種類を選ぶケースを紹介しました。しかし、現実には複数の製品に対して「どの製品を優先して生産するべきか？」という判断を迫られるケースが多いようです。そんなときは「バリューマップ」を使うと、優先順位をイメージでとらえることができます。

　図3-27のバリューマップでは、4つの製品に優先順位を付けています。バリューマップは「横軸に生産時間、縦軸に限界利益」のグラフなので、生産性が高い製品ほど縦長の四角形になります。バリューマップでは生産性の高い製品から順番に積上げます。積上げた製品の累積生産時間が工場の生産能力（グラフでは20,000時間）に達したときの累積限界利益（グラフでは1億円）が「最適な製品ミックス（組合せ）」で生産した時の限界利益になり、工場の利益は最大になります。

❷バリューマップを他の経営判断に使う

　バリューマップの横軸を変えると他の経営判断にも使えます。

● 設備投資の優先順位付け（図3-28）

　横軸に投資額、縦軸に「その設備が稼ぐ限界利益」でバリューマップを作ると、設備投資の優先順位付けができます。

● 開発投資の優先順位付け

　横軸に開発投資額、縦軸に「開発した製品が稼ぐ限界利益」でバリューマップを作ると、開発投資の優先順位付けができます。

● 設計者の製品別割り付け

　横軸に設計者の人数、縦軸に「開発した製品が稼ぐ限界利益」でバリューマップを作ると、設計者をどの製品から重点的に配置すべきかを判断できます。

第3章 工程管理を実践する

図 3-27 | 生産時間と限界利益のバリューマップ

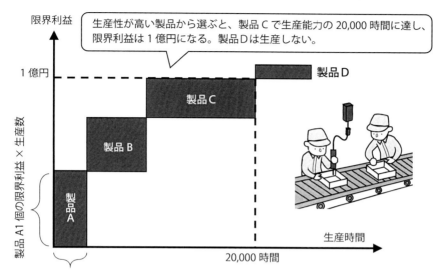

図 3-28 | 投資額と限界利益のバリューマップ

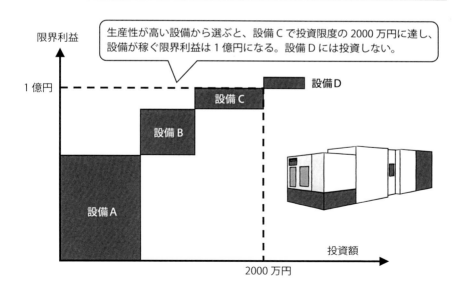

〈14〉人手不足を解消する

スキルマップを使って多能工を育成する

❶人手不足を解消するための多能工

　2009年に0.5倍だった有効求人倍率は2018年には1.6倍になり、私が指導している中小製造業の3社に2社は人手不足が課題になっています。しかし、新人を募集してもなかなか応募はありません。

　こんな人手不足を解消するには、作業者を1人で何役もこなせる「多能工」にして、生産性を上げるしかありません。多能工を育てるために、作業者毎の現在の能力を「**スキルマップ**」を使って「見える化」している企業を多く見ます。

　しかし、スキルマップは単に現状把握の道具です。そこから先の作業者育成が重要（本丸）です。そのために「**能力開発シート（目標管理シート）**」を使って、目標能力に向かっての指導・教育を確実に進め、その成果を人事評価と連動させます。

❷スキルマップ作成の手順と担当者

1. 作業者に求められる能力を洗い出す
2. 作業者が自己評価するための記入用紙を作る
3. 作業者が現在の能力を自己評価する
4. 作業者の自己評価と上司の評価を話し合いで調整する
5. 作業者と上司の話し合いで今後伸ばす能力を決める
6. 現在の能力だけでなく「伸ばしたい能力」も明らかにしたスキルマップを作る（**表3-13**）

❸能力開発シートの運用手順と担当者

1. スキルマップをもとに作業者毎の指導者を決める
2. 作業者と指導者で「能力開発シート」を作る（**表3-14**）
3. 毎月、能力開発シートで進捗を確認する
4. 年末に能力開発シートで成果を確認する
5. 成果を人事評価に反映させる

148

第3章 工程管理を実践する

表 3-13 スキルマップ

作業者Cは1人でできる作業が
ないので機械③での加工能力を
上げる

		作業者名				技能の課題
		作業者 A	作業者 B	作業者 C	作業者 D	
技能	機械①で加工	4	2	3	4	
	機械②で加工	4	2	3	5	
	機械③で加工	4	3	2→4	5	
	製品④の組立	2→4	4	1	2	4以上が手薄
	製品⑤の組立	4	5	1	2	
	製品⑥の組立	5	5	1	1	
作業者の課題				4以上がない		

製品④の組立を1人でできる
作業者が1人しかいないので、
作業者Aを育てる

評価基準

5	1人でできて、教えることもできる
4	1人でできるが、教えるほどではない
3	分からないことを聞きながらできる
2	手伝いくらいならできる
1	全くできない

表 3-14 能力開発シート (作業者 C)

計画					実績	
技能	目標点数	指導者	達成方法	日程（いつまで）	実績点数	上司コメント
機械③	2-4	作業者 D	作業者Dを手伝いながら操作方法を覚える	2020 年 10 月		

現状　目標

149

〈14 人手不足を解消する

多能工の6つの効果

　「多能工を育てる時間がない」という理由で、多能工を育てない工場をよく見ます。しかし、以下のように多能工の効果は絶大です。多能工を育てるのは「会社の将来への最重要投資」と考えるべきです。

❶ボトルネック工程に入る

　いつもラインにいる作業者が休んだので、代わりの作業者が入ったが、慣れないので工程全体の足を引っ張っている工場をよく見ます。そんなときに、その工程に「どの工程もこなせる多能工」が入るとボトルネックになりません。

❷複数の工程を受け持つ

　設備能力の問題でボトルネック工程を速度アップできない場合は、他の複数の工程を統合してボトルネック工程の速度まで落とします。そんなときに「複数の工程をこなせる多能工」がいれば、統合した工程を1人で受け持ち、ライン全体の生産性を上げられます。

❸忙しい部門を応援する

　特定の製品に集中して注文がきたり、繁忙期に特定の部署だけが忙しくなったり、トラブルで納期遅れが発生しそうな職場へは「どの職場の仕事もこなせる多能工」が応援にいけます。

❹飛込み注文に対応する

　飛込み注文があったときは、他の作業者は通常の生産を続け「飛込み品もこなせる多能工」が1人だけでその製品を生産します。

❺業務の属人化を防ぐ

　多能工がいないと「この仕事はAさんしかできないが、Aさんが休んだので今日は生産できない」という事態になります。しかし「どの仕事もこなせる多能工」がいれば生産を止めなくてすみます。

❻作業者のモチベーションが上がる

　作業者に「多能工化（技能アップ）」という目標ができ、モチベーションが上がります。

150

第3章 工程管理を実践する

図 3-29 | 多能工の6つの効果

①ボトルネック工程に入る
②複数の工程を受け持つ

③忙しい部門を応援する

多能工

④飛込み注文に対応する

⑤業務の属人化を防ぐ

⑥モチベーションが上がる

151

14 人手不足を解消する

新人を早期に戦力化する

　工場の人手不足を解消するには、新人を早期に戦力化する必要があります。新人教育の基本は、現場での「やってみせ、やらせてみる」の**OJT**（On-the-Job Training）です。

　しかし、単に「おれのやるのを見て覚えろ！」では早期の戦力化は無理で、その前に新人が会社をやめてしまう可能性もあります。OJTは以下のように指導者と新人の作業方法を「動画」で見比べて、新人を納得させながら進めるのが効果的です。

❶やってみせる

　指導者が新人の前で作業をやって見せます。そのときにデジカメなどで作業の最初から最後までを録画（動画撮影）します。

❷作業内容を説明する

　指導者は「撮った動画（指導者の作業）」を新人と一緒に見ながら、作業内容（目的、方法、注意点）を説明します。新人は動画を繰り返し見て、わからないところを聞きながら「作業工程表」を作り、指導者がかかった時間を記入します（**図3-30下**）（手描きでもかまいません）。

❸やらせてみる

　新人が動画を十分に理解したら、新人が指導者の前で作業します。このときも新人の作業を最初から最後まで録画します。

❹話し合う

　指導者は、指導者と新人の動画を「並べて再生」します（**図3-30上**）。動画を比べて見つかった「2人の差」や「新人の間違い」について2人で話し合い、「作業工程表」に新人がかかった時間と改善点を記入します。このときに指導者は新人が納得していることを確認しながら進めます。

❺もう一度やらせる

　新人が「2人で話し合って決めた改善点」を盛り込んだ作業方法でやってみて、これも録画します。　⇒❹に戻ります

第3章 工程管理を実践する

図 3-30 　動画と作業工程表を使った OJT

指導者と新人の作業の動画を同時に流し、作業方法の違いを見つける

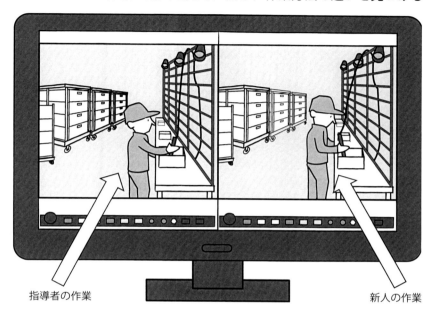

指導者の作業　　　　　　　　　　　　　　新人の作業

作業工程表：工程毎の時間差と改善点（動画を見ながら作る）(秒)

		指導者	新人	改善点
1	部品取出し	5	10	部品を手前に置く
2	製品に載せる	5	6	
3	ねじ止め	10	20	取り付け順序を変える
4	コネクタ接続	5	6	
5	動作確認	20	22	
6	コネクタ外し	3	4	
7	外観検査	8	8	
8	梱包	15	22	梱包材を手前に置く
	合計	71	98	

〖14〗人手不足を解消する

外国人労働者に参加意識を持たせる

　私は今までアフリカ、中米、東南アジアなどの現地企業140社で外国人相手の指導・研修を行ってきました。そのなかで「対話型の改善研修」を行うと日本人相手の研修とは比較にならない「活発な改善提案」がありました。

　この「外国人の積極性」は国内の外国人労働者も持っています。以下の手順で「対話型の改善研修」を行い、彼らに「自分たちも会社に提案できる！」という参加意識（当事者意識）を持ってもらいます。それが「外国人労働者が多い工場」で生産性を上げるために重要です。

〈対話型研修の手順〉
❶おかしい作業を撮影する

　講義を行う前に、講師が研修先企業の製造現場に行き「これはおかしい！」という作業を最低10本は動画に撮ります。このときの撮影は講師自身が行います。そうでないと、受講生からの様々な質問には答えられません。

❷改善した作業を撮影する

　おかしい作業を改善して、改善後の作業を撮影します（可能なものだけ5本程度）。

❸改善前の動画を見せて研修生に改善提案させる

　研修では「改善前の動画」を受講生に見せ、受講生から「おかしいと思った点と改善アイデア」を発表してもらいます。このときに発表してくれた意見は「講師が考えた改善案と違うものや、ちょっと変なもの」でも必ずほめます（目的は参加意識のアップなので）。

❹改善後の動画を見せる

　受講生からの提案が出切ったら「講師が考えた改善案」を改善後の動画を見せながら紹介します。この時に注意するのは「受講生が出した改善案のほうがよい」といったフォローを忘れないことです。

154

図 3-31　対話型の改善研修の方法と目的

研修前におかしい作業を撮影する　　研修では改善前の動画を見せる

- 受講生が働いている作業現場で講師自らが改善ネタを探す
- 講師自らが撮影した動画を活用する

講義の方法

対話型研修

講義の目的

- 気付きの能力と意見を発信する能力を身につけさせる
- 会社への参加意識、当事者意識を持たせる

15 生産管理ソフトを使いこなす

部品表を使って部品の必要数を計算する

❶MRPの3つの機能

　市販されている「生産管理ソフト」のほとんどはMRP（Materials Requirements Planning、資材所要量計画）という手法を使っています。MRPには以下の3つの機能があります。ここでは部品展開機能を紹介します。
- 部品展開機能
- 原価計算機能
- 生産計画機能

❷部品展開機能の働き

　部品展開機能とは「製品名とその生産数」から「生産に必要な部品と数量」を自動的に計算する機能です。たとえば、2つの製品A、Bを生産するのに必要な部品数を計算するステップは以下のようになります（表3-14）。
1. 製品A、Bに共通なユニットEの部品表を作ります。この表を部品表（BOM、Bills of materials）と言います。
2. 製品A、Bの部品表を作ります（ユニットEが含まれます）。
3. 製品A、Bの生産計画数を入力します。
4. MRPが部品表と生産計画数から各部品の必要数を計算します。
5. MRPが必要数と在庫数から「部品毎の調達数（発注数)」を計算します。

❸部品表の種類

　家電メーカーなどでは、新製品の部品表は最初に設計部門が作り、それを**設計BOM（E－BOM）**と言います。その製品が製造段階になると、製造部門が製品の組み立て順序を決めます。

　それが設計の考えていた組立順序と違うために、ユニット（中間組立品）の構成が変わったときは、新たに**製造BOM（M－BOM）**を作ります。しかし、BOMが2種類になると、設計変更などがあったときの修正に手間がかかるので、BOMは1種類に統一するべきです。

156

表3-14 部品表（BOM）を使った部品の調達数計算

ステップ1：共通ユニットの部品表を作成

ユニットE	
部品F	1
部品G	2

ステップ2：製品毎の部品表を作成

製品A	
部品C	1
ユニットE	1

製品B	
部品D	2
ユニットE	1

ステップ3：製品毎の生産計画数を入力する

生産数	
製品A	10
製品B	20

ステップ4：部品毎の必要数を計算
ステップ5：在庫数との差から発注数を計算する

	必要数	在庫数	調達数
部品C	10	10	0
部品D	40	20	20
部品F	30	30	0
部品G	60	30	30

部品Gの調達数
＝必要数60個－在庫数30個
＝30個

部品Gの必要数
＝ユニット1個当たりの必要数2個
×((製品A個の必要ユニット数1個×製品A生産数10個)
＋(製品B個の必要ユニット数1個×製品B生産数20個))
＝60個

15 生産管理ソフトを使いこなす

部品表を使って製品原価を計算する

　MRPの「原価計算機能」では「標準材料単価、標準加工時間、標準時間単価」と製品の部品構成表（BOM）から製品の標準原価を計算します（**表3-15**）。なお、材料費と加工時間に実績値を使うと、製品の実際原価も計算できます。

❶標準材料単価を決める

　材料単価（部品単価）は市場動向で変化します。しかし、市場価格が変わる度にMRP内の材料単価データを入れ替えるのは大変な手間です。そのため、多くの企業では年度の初めに「その年の平均材料単価」を予想し、それを1年間使い続けます。これを「標準材料単価（標準部品単価）」と言います。

❷標準加工時間を決める

　製品の加工（組立）にかかる時間は、作業者によって差があります。しかし、製品を作る作業者が代わるたびに、MRP内の加工時間を入れ替えるのは大変な手間です。多くの企業では、年度のはじめ（または新製品開発時）に「作業者の平均加工時間または目標加工時間」を「標準加工時間（標準組立時間）」にしています。

❸標準時間単価を決める

　加工費は「加工時間×時間単価」で計算するので、年度の初めに標準時間単価も決めます。時間単価は以下の式で計算されます。

　●時間単価
　＝（工場の年間労務費・経費）÷（全作業者の年間就業時間×稼働率）

　標準時間単価を決めるには、その年の「労務費、経費、就業時間、稼働率」を予測する必要があります。しかし、個別受注生産や受注設計生産では「稼働率」の予想が非常に難しいので、安全を見て稼働率は前年実績より10%程度低めに設定している企業が多いようです。

第3章 工程管理を実践する

表 3-15 部品表（BOM）を使った製品原価計算

予想年間労務費	円	100,000,000
予想年間経費	円	100,000,000
予想作業者数	人	50
1人当たりの年間就業時間	時間	2,000
予想稼働率	%	50%
標準時間単価	円／人時間	4,000

時間単価＝（労務費＋経費）÷（全作業者の年間労働時間×稼働率）

材料費＝標準材料単価×材料使用量

加工費＝標準加工時間×標準時間単価

部品表

製品名	材料名	標準材料単価	材料使用量	材料費	標準加工時間	加工費	原価
		円/kg	kg	円	時間	円	円
部品A	D	1,000	1	1,000	1	4,000	5,000
部品B	E	2,000	0.2	400	2	8,000	8,400
製品C					1	4,000	4,000
合計							17,400

部品A、Bを製品Cに組み立てる時間

製品Cの標準原価

【15 生産管理ソフトを使いこなす

部品表を使って生産計画を作る

　MRPの「生産計画機能」では、以下のステップで生産計画が作られます（**表3-16**）。

1. 製品の部品表を作成します
2. 製品の生産リードタイム（組立開始〜完成）を入力します
3. 製品の組立に使う部品・ユニットの調達リードタイム（発注〜入荷）を入力します
4. 製品の納期を入力します
5. 以上の情報から「部品毎の発注時期と製品の組立開始時期」をMRPが計算して生産計画を作ります。

❶生産計画機能の課題

　「個別受注生産、受注設計生産、繰り返し受注生産」といった受注生産型企業では、以下の理由でMRPが作った生産計画をそのまま運用するのは困難です。受注生産企業がMRPを導入するときは、システム会社の提案を鵜呑みにしないで、十分に検討する必要があります。

●生産リードタイムが予測困難

　個別受注生産や受注設計生産では「初めて受注する製品」がほとんどなので、生産リードタイムや調達リードタイムを正確に予測するのは困難です。かといって余裕を持ったリードタイムをMRPに入力すると、ゆるゆるの計画が組まれ、工場の生産性（稼働率）が低下します。結局、小日程計画を作る段階で「手作業による日程調整」が必要になるので、MRPで作った生産計画は目安程度にしかなりません。

●手作業による先行手配が必要

　繰り返し受注生産では、顧客企業からの短納期注文（ジャストインタイム）に対応するため、調達リードタイムが長い部品は、部品メーカーの都合を聞きながらの「先行手配」が必要です。その先行手配計画をMRPが作るのは難しく、ほとんどの企業では手作業で作っています。

第3章 工程管理を実践する

表 3-16 部品表（BOM）を使った生産計画作成

ステップ1：製品の部品表を作成

製品 A	
部品 B	1
部品 C	2
ユニット D	1

ステップ2：製品の生産リードタイム

生産リードタイム	
製品 A	3

ステップ3：部品・ユニットの調達リードタイムを決める

調達リードタイム	
部品 B	2
部品 C	3
ユニット D	3

ステップ4：製品の納期を入力する
ステップ5：部品表とリードタイムから生産計画を作る

	4月1日	4月2日	4月3日	4月4日	4月5日	4月6日	4月7日	4月8日
製品 A					組立開始		完成	納期
部品 B		発注		入荷				
部品 C	発注			入荷				
ユニット D	発注			入荷				

ユニットDの調達リードタイム＝3日

ユニットと部品は製品の組立開始前日までに調達する

製品Aの生産リードタイム＝3日

16 KGI、KPIで目標管理する

ロジックツリーでKPIを決める

　企業の経営目標に向かって、全社員が経営改革を確実に進めようとするときに有効な管理手法が「KGI、KPI」です。

　経営改革で達成したい数値目標がKGI（Key Goal Indicator：重要目標達成指標）、活動成果の数値目標がKPI（Key Performance Indicator：重要業績評価指標）です。以下がKGI、KPIを使った目標管理の進め方です。

❶KGIを決める

　KGIは「営業利益、限界利益、売上高、生産性」などの経営目標から選びます。

❷ロジックツリーを作る（図3-32）

　KGIを達成するための手段を「ロジックツリー」を使って洗い出します。ロジックツリーではKGIを達成する手段を、例えば「営業利益を増やす→限界利益を増やす→変動費を減らす→外注費を下げる→内製化率を上げる」といったように具体的な活動に落し込みます。

❸KPIを決める

　ロジックツリーの末尾（右端）に登場した活動内容の中から「重要な活動」をKPIにし、そのKPIの目標値を決めます。このときにあまり多くのKPIを選ぶと、活動時間より管理時間の方が長くなるので、KPIは10個程度にします。

❹KPIを達成するための活動内容を決める

　KPIの目標を達成するために「誰が、いつまで、何をやるか」といった活動内容を決めます。

❺KPIの目標に向かっての進捗状況を管理する

　KPIの目標への進捗状況を定期的にチェックし、遅れがあれば追加の活動などの対策を実行します。

162

第3章 工程管理を実践する

図 3-32 ロジックツリー

「営業利益を増やす」というKGIを達成する手段を洗い出した「ロジックツリー」
- 営業利益
  ＝限界利益－固定費
  ＝（売上高－材料費－外注費）－（労務費＋経費）

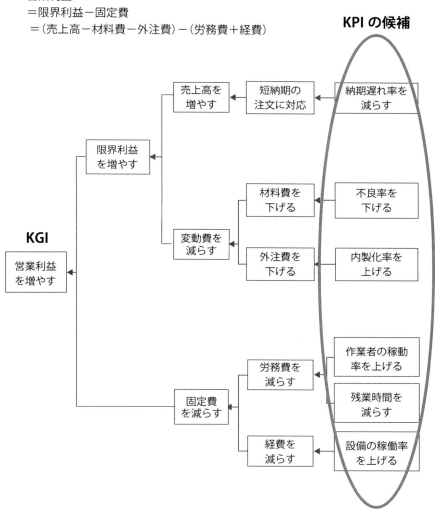

16 KGI、KPIで目標管理する

KGI、KPIの管理表を作る

　以下は製造業で使われる代表的な目標（指標）です。これらを参考にして「KGI、KPIの管理表」を作り、経営改革を確実に進めてください（**表3-17**）。

❶会社全体の指標
- 売上高（円）、生産高（円）
- 限界利益（円）、粗利益（円）、営業利益（円）
- 限界利益率（％）、粗利益率（％）、営業利益率（％）
- 生産性（円／人時間）
- 受注件数（件）、受注成功率（％）
- 納期遵守率（％）、出図納期遵守率（％）、購入品入荷遅れ率（％）
- 作業者の稼働率（％）、設備稼働率（％）
- 材料費（円）、材料歩留り率（％）
- 製品不良率（％）、クレーム件数（件／年）
- 外注費（円）、内製化率（％）
- 在庫金額（円）、在庫回転率（回）、在庫回転期間（日）
- 製造人員（人）、残業時間（時間）、直間比率（％）

❷製品別の指標
- 製品原価（円）、製品材料費（円）
- 製品限界利益（円）、製品粗利益（円）、製品コストダウン金額（円）
- 製品限界利益率（％）、製品粗利益率（％）、製品コストダウン率（％）
- 製品不良率（％）
- 製品加工時間（時間）、製品段取時間（時間）
- 製品の目標原価達成率（％）、製品の目標加工時間達成率（％）
- 製品の生産リードタイム（時間）
- 製品の流用設計率（％）

第3章 工程管理を実践する

表 3-17 | KGI, KPI の管理表

KGI		KPI		進捗状況			KPIを達成するための行動		
内容	目標	内容	目標	1月	2月	…	だれが	いつまで	なにをする（活動内容）
営業利益	2800万円	納期遅れ率	3%	4.6%	4.4%	…	堀口	2月	3段階の生産開始日で生産計画を作る
		不良率	1%	2.5%	2.3%	…	大谷	2月	なぜなぜ分析を組み込んだ不良報告書を運用する
		内製化率	80%	65%	71%	…	久保	2月	内外作の判断基準を見直す
		作業者の稼働率	70%	56%	61%	…	香川	3月	改善活動で正味作業時間を増やす
		平均残業時間	10時間/月	14.5	13.7	…	張本	1月	残業を申告制にする
		設備の稼働率	80%	68%	71%	…	水谷	年間	外段取化などの段取り作業の改善を進める

17 工程管理の自己診断

自己診断で工程管理のレベルを把握する

　表3-18は、自社の「工程管理レベル」を自己診断するための表です。以下の手順で診断してください。

❶業務上の必要度（A）を採点する

　各項目の業務上の必要度（A）に1～5を記入してください。

　5：絶対に必要

　3：必要なときもある

　1：必要ない

❷現状の達成度（B）を採点する

　各項目の現状の達成度（B）に1～5を記入してください。

　5：達成している

　3：ある程度達成している

　1：全く行っていない

❸改善必要度（A－B）を計算する

　各項目の改善必要度を「業務上必要度（A）」－「現状の達成度（B)」で計算してください。

　4～3：すぐに改善すべきです

　2～1：機会を見て改善すべきです

　0またはマイナス：改善は不要です

❹改善を実施

　すぐに改善すべき項目は「3章の関係節」を読み直して、改善策を実施してください。

166

第3章 工程管理を実践する

表 3-18 工程管理のチェックリスト

No.	項目	3章の関係節	調査内容	業務上必要度(A)	現状の達成度(B)	改善必要度(A-B)
1	原価計算	1	時間単価を使って見積価格を決めている			
2	原価計算	1	限界利益を使って経営している			
3	原価計算	1	受注設計では製造費用と設計費用を分けている			
4	改善	2	ボトルネック工程を改善している			
5	改善	2	段取作業を改善している			
6	改善	2	改善活動は2ステップで進めている			
7	外注費	3	内外作のコスト比較では固定費を外している			
8	外注費	3	外注企業を評価する仕組みがある			
9	飛込み注文	4	フォワード方式で飛込みに対応している			
10	飛込み注文	4	バッファ方式で飛込みに対応している			
11	飛込み注文	4	座席予約方式で飛込みに対応している			
12	納期遅れ	5	バッファ在庫で納期を守っている			
13	納期遅れ	5	山積み山崩しで負荷を平準化している			
14	納期遅れ	5	納期を見積もる仕組みがある			
15	納期遅れ	5	納期が迫っていることを見える化している			
16	小日程計画	6	小日程計画を作っている			
17	小日程計画	6	作業指示書を作っている			
18	小日程計画	6	差立て板を使っている			
19	進度管理板	7	マグネットを使った進捗管理板を使っている			
20	進度管理板	7	生産数を書いた進捗管理板を使っている			
21	セル生産	8	セル生産では部品の供給方法を工夫している			
22	セル生産	8	多能工化を進めている			
23	JIT生産	9	平準化を進めている			
24	JIT生産	9	流動数曲線で工程内在庫を見える化している			
25	設計遅れ	10	二重線のガントチャートを使っている			
26	設計遅れ	10	イナズマ線のガントチャートを使っている			
27	設計遅れ	10	PERT図を使っている			
28	設計遅れ	10	進捗管理は設計が行っている			
29	設計遅れ	10	デザインレビューを開催している			
30	設計の標準化	11	設計の標準化を進めている			
31	設計の標準化	11	標準ユニットを開発している			
32	設計の標準化	11	標準ユニットはライフサイクル管理をしている			
33	不良削減	12	次工程に不良品を流さない仕組みがある			
34	不良削減	12	不具合対策書になぜなぜ分析が組み込まれている			
35	製品数	13	生産性で製品を絞り込んでいる			
36	製品数	13	バリューマップで製品を絞り込んでいる			
37	人手不足	14	スキルマップと能力開発シートを活用している			
38	人手不足	14	動画を使い新人を早期に戦力化している			
39	人手不足	14	対話型研修で外国人労働者を戦力化している			
40	生産管理ソフト	15	部品表を使って部品の必要数を計算している			
41	生産管理ソフト	15	部品表を使って製品原価を計算している			
42	KGI、KPI	16	ロジックツリーでKPIを決めている			
43	KGI、KPI	16	KGI、KPIの管理表を使っている			

〈著者略歴〉

堀口 敬（ほりぐち たかし）

1950年北海道出身。1972年沖電気工業（株）に入社し、ファクシミリとプリンタを開発。
1994年からは原価企画部長として以下の業務を行う。
- 自社製品への限界利益分析
- 自社の20製品への原価企画（開発段階からのコストの作り込み）
- 東南アジアの部品メーカー60社への現場改善指導
- 競合45製品へのティアダウン（分解分析）
- 自社3工場間（英国、タイ、日本）の原価管理システム開発

2003年に経営コンサルタントとして独立、製造業430社への原価管理・原価企画・現場改善・工程管理の指導を行う。

著書には以下など15冊がある
- 「限界利益（見積・分析）をうまく使って「売上アップ！」」（2023年、日刊工業新聞社）
- 「原価計算だけで満足していませんか！第2版」（2015年、日刊工業新聞社）
- 「改善だけで満足していませんか！」（2013年、日刊工業新聞社）
- 「すらすら生産管理」（2012年、中央経済社）
- 「儲かる工場への挑戦」（2012年、日刊工業新聞社）
- 「究極！原価企画の進め方」（2009年、日刊工業新聞社）

［連絡先］
〒060-0808　北海道札幌市北区　北8条西3丁目32番2605
TEL：011-746-0144　携帯：090-6542-4929　電子メール：h-bc@nifty.com
https://h-bc.jp

NDC 509.65

わかる！使える！工程管理入門
〈基礎知識〉〈準備・段取り〉〈実践活動〉

2019年11月27日　初版1刷発行
2024年5月31日　初版5刷発行

定価はカバーに表示してあります。

ⓒ	著者	堀口 敬	
	発行者	井水 治博	
	発行所	日刊工業新聞社	〒103-8548 東京都中央区日本橋小網町14番1号
		書籍編集部	電話 03-5644-7490
		販売・管理部	電話 03-5644-7403　FAX 03-5644-7400
		URL	https://pub.nikkan.co.jp/
		e-mail	info_shuppan@nikkan.tech
		振替口座	00190-2-186076
印刷・製本		新日本印刷㈱（POD4）	

2019 Printed in Japan　　落丁・乱丁本はお取り替えいたします。
ISBN　978-4-526-08017-3　C3034
本書の無断複写は、著作権法上の例外を除き、禁じられています。